U0047696

九州

kyushutrip 理想休日 大人的

kyushutrip1-7

kyushutrip8-14

kyushuintro

秋日的九州騷動

前言。

日本的九州，對於Milly來說一直位在一個日本印象的起點位置。

記得第一次進入日本旅行，降落的機場正是九州的福岡機場。

以為九州是在日本最南端，也是最接近台灣的地方，要貼近日本自然該由九州開始。

多年後進進出出日本，多數選擇本州的東京入境。

九州變得大多是路過或是順路的轉折點，停留的時間也多局限在3至5天內，即使是這樣，Milly在一次次點狀的九州散步後，慢慢地意識到九州似乎有什麼潛在的不同面向，等著自己去試探。

九州似乎不是單單以溫泉、明太子、豪斯登堡、別府、篤姬就可以總結的旅遊觀光地，也似乎不是只有湯布院值得一去。

於是在2010年的秋日9月，出發。

為了去證實那似乎存在的什麼，也為了平撫那心中對九州由於好奇而浮現的騷動。

說得微妙，這回彷彿不是Milly試圖以大人的旅行態度在旅行中馴服九州，而是有些意亂情迷地追逐著。九州像是挑戰Milly的質疑而釋放著美好，於是時而讚嘆、時而雀躍、時而魅惑著。

在出發之前：15日的九州交通手段計算篇

九州話題列車與巴士券

比起日本其他區塊，九州的旅行交通票券應該算是相對豐富也相對划算。

這次根據行程本來預計使用的九州相關票券共有JR北九州三日券、巴士券SUNQパス（全九州版）和可以搭乘全九州JR+私鐵的旅名人の九州満喫きっぷ。

其中那全九州鐵道三日無限搭乘普通車自由席的10500日圓「旅名人の九州満喫きっぷ」，是讓Milly最躍躍欲試想使用一次的票券。光看到可以搭乘的各鐵道排列，就讓人興奮起來。

JR九州、北九州モノレール（北九州單軌鐵道）、福岡市地下鐵、西日本鐵道、甘木鐵道、松浦鐵道、島原鐵道、南阿蘇鐵道、くま川鐵道、肥薩おれんじ鐵道、平成筑豐鐵道、門司港レトロ觀光線、筑豐電氣鐵道、長崎電氣軌道、熊本電氣鐵道、熊本市電、鹿兒島市電

旅行九州，JR九州各種話題列車、季節列車本來就是重點之一，除此之外很多有趣的路線，例如「南阿蘇鐵道」則是私鐵，不能使用大家熟悉的JR PASS。

如果有了這麼一張萬能PASS，應該可以讓視野更寬廣些。

在排行程初期的確將「旅名人の九州満喫きっぷ」的使用放進去了，可是在出發前夕

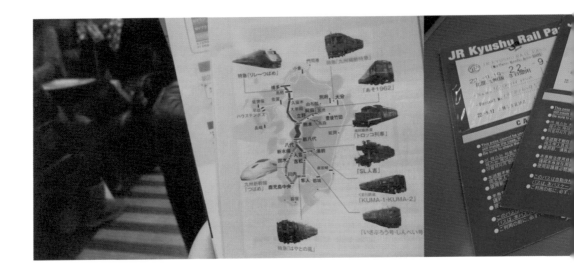

臨時決定住宿雅敘苑。就是說，行程後段必須前去南九州，返國前一天更要大動作回到福岡。如此一來使用這票券就有些礙手礙腳無法施展，畢竟只能搭乘普通列車，礙於現實這回只好放棄，改日有機會一定會嘗試看看。

至於SUNQパス則是實際操作後頗推薦使用的巴士票券。
當初會嘗試使用這巴士票券，主要是早就覺得，在九州很多區域真的是搭巴士會比搭鐵道方便前往，甚至有些地點是只能搭巴士前往，例如黑川溫泉、阿蘇和高千穗。
舉例來說，要從福岡前去高千穗，搭乘JR要先以「福岡—宮崎—延岡」路線換車，然後於延岡搭乘巴士，要不就是從福岡搭JR到熊本轉乘。
搭乘巴士的話，就可以直接一班於清晨抵達高千穗。
SUNQパス票一共分為14000日圓的「全九州四天」、10000日圓的「全九州三天」和8000日圓的「北九州三天」三種。
以北九州三天來說，除了福岡周邊和湯布院外，還可以利用前往下關、佐賀、長崎、熊本、阿蘇、黑川溫泉、大分。
如果旅程不延伸到宮崎或是鹿兒島方面的南九州，這一張票券已經很充分。
這跟7000日圓的「JR北九州三天券」類似，幾乎涵蓋三分之二的九州主要觀光點，是很「お得」（划算）的周遊券。

在九州各大巴士站都可以買到這SUNQパス，網站有中文版容易入門。
http://www.sunqpass.jp

● 九州行的交通票券

登錄會員後可以很方便地在網路上事先訂位，搭車前再去票口取票即可。

預約時必須輸入電話，國際電話似乎不行，這時就輸入一組固定的日本電話，之後再用這號碼當做個人的預約代號，秀出代號票口就可以用電腦系統叫出預約資料然後開票。這跟之前使用的J BUS巴士預約系統較不同，一般的預約系統是一次預約就有一組當次的預約代號。

在日本幾乎所有交通系統預約都是相同邏輯，一個月前可以接受預約，例如11月7日的票，10月7日就可以開始預約。

根據這次15天14夜的行程（這次為了「完全計算」旅費，訂的是相對便宜的兩週旅遊機票），一共使用了「JR北九州三天」、「JR全九州三天」和「SUNQパス全九州」三張便利票券。

JR全九州PASS可以利用護照加上回程機票在九州當地購買，但是當地規則是一次行程只能購買一次。於是Milly就選擇先透過旅行社，在出發前預先買好「JR北九州三天」的票券，到了福岡再買了「JR全九州三天」。

當然也可以在出發前就買好這兩張票券，但是想給自己一個緩衝的選擇機會，到了當地再決定。

鐵道女子的九州攻略

接著來大塊分解這次的交通算計，也是Milly旅行中最有樂趣的一部分（笑）。

第一日到達福岡，單純以一段地鐵到達住宿旅館。

第二日，買了一日地鐵券福岡市內大奔走，然後跟兩位朋友會合，進行四天三夜的北九州旅遊。

第三天，買了一張2800日圓西鐵太宰府柳川観光きっぷ，西鐵電車是私鐵，不能使用JR PASS，買這樣的票券會划算很多。

第四天至第六天，充分使用那張JR北九州三日券。第一天搭乘あそ1962，遊覽阿蘇和九州橫斷路線。第二天前往湯布院並住宿當地。第三天從湯布院前往門司港。

Milly在門司港跟兩位朋友分開，一個人在黃昏中一路殺去佐世保，讓這票券充分利用到最後一刻，同時也可以在隔日很快展開旅程。

第七天，不用任何套票，因為搭乘了地方巴士、渡船和私鐵「松浦鐵道」。當晚購入2000日圓的高速公路巴士票，從佐世保返回福岡。

第八日，是福岡悠閒都會咖啡路徑。

第九日至第十一日，開始使用SUNQパス前去高千穗、宮崎，熊本和黑川溫泉。

中間有一日遷就宮崎的行程，單獨買了一張山幸海幸日南海岸觀光行程套票。

第十二日至十四日，使用JR全九州PASS，從熊本搭乘SL人吉，之後在嘉例川下車住宿雅敘苑兩日。

較不甘願的是三天中有一天沒能使用到這PASS，不符合Milly的鐵道女子心態。

第十四日是大移動「鹿兒島中央—熊本—別府—福岡」，怎麼都要用到回本才行。

大約就是這樣的安排，有些小趕，但大致時間還算充裕。

PS.

在這次的九州旅行之前，Milly兩年內一共進出過九州三次，於是這次的行程會捨棄已經玩得很透的長崎、熊本和鹿兒島，改以番外篇形式帶出三地的推薦路線。

九州新幹線全線開業

2011年關於九州最大的關鍵字，勢必就是九州新幹線全線開業。

2011年3月12日，九州新幹線全線開通，從博多到熊本只要不過是35分鐘，博多到鹿兒島中央是1小時20分鐘，更重要的是從新大阪可以一線暢通直達九州最南端的鹿兒島中央，費時只要4小時上下。

在全線開通前去過九州鐵道旅行的人大約都知道，從博多前往鹿兒島中央必須先乘坐特急列車「特急リレーつばめ」，到達新八代之後再在同月台轉乘「九州新幹線つばめ」。

九州新幹線全線開業通後，這特急列車仍會行駛沿續使用，只是班次會相對減少。

新的九州新幹線列車除了沿用原有的九州新幹線つばめ列車，也會將新型的N700系列納入行駛班次。而從新大阪直達九州的列車則分別是「みずほ」（水穗號）和「さくら」（櫻花號）。

配合全線開通的大盛事，2011年春天JR九州陸續推出一些新的觀光列車，例如行駛「鹿兒島中央—指宿」路線的「指宿のたまて箱」，以及行駛「熊本—宮地」間的特急「あそぼーい」。

新的列車不斷推出，鐵道時刻表必定被迫更動，一些列車也就會被迫退出。

果然，2010年11月11日，一個日期數字很美麗的日子，JR九州正式宣告あそ1962和ゆふDX將在2010年終前停駛。

あそ1962是普通車，可能是被淘汰的主因之一。只是這樣一來，使用「青春18」或「旅名人の九州満喫きっぷ」等普通車套票時，又會少了很多樂趣。

因為あそ1962已經不再運行，寫下這回停駛前的搭乘經驗多少有些失落感。

不過這或許就是鐵道迷的宿命，也是微妙的樂趣之一。

要一輛輛送走那些被淘汰的路線和列車，也因此，每一次的搭乘都要抱著一期一會的珍惜才行。

● 九州新幹線全線開業

kyushutrip**1**

福岡市　福岡机場

9月16-17日

立刻投入 The 福岡模式

福岡。

● 福岡夜，夜很長

　　● 九州夜晚的絕對特權

　啊，是的，福岡是這樣一個城市！

　　● 在福岡尋找滿足自我的情緒角落

● 不在？不在！

　　● 堅持而來的Coffon午後微醺時光

福岡夜，夜很長

2010年9月初秋，兩星期多些的九州旅行。

原本計畫搭乘中午到達的飛機，誰知因為旅行社的失誤得提早出發，也被迫換了航空公司，變成晚上才到達福岡。

改變的同時，就想那一定要住在離屋台更近的地方。

上訂房網路，剛好看見福岡的中洲川端有間Best Western新開幕有特惠價，於是就毫不猶豫預了約，接著就是著手找附近最想去的屋台。

春吉橋附近的屋台要跟之後會合的朋友一起去，Milly就想找間難度較高的屋台去探險。所謂難度高，就是位置較難找，也較難一個人闖入。

翻看資料，決定了！就是那兩間洋風屋台，很巧都在同一區塊，離住宿旅館很近，也都在冷泉公園旁。依地圖來看，旅館距離地鐵中洲川端約一分鐘，而從中洲川端站步行到冷泉公園則約十分鐘。

兩間屋台都是很早就想去的，一間是歐風屋台菊屋，一間是屋台BAR屋台バーえびちゃん。

對了，話還是要說在前面。

Milly對福岡有一個很大的執著，就是一定要一下飛機就立刻進入觀光氣氛，尤其是如果搭乘的是晚班飛機。

搭乘便宜機票的班機前往福岡，時間真的不划算，通常到了旅館都要超過晚間十點。但是福岡有著日本其他大都會所沒有的屋台文化，因此即使是這麼晚到達，還是可以立刻進入「The福岡」的氣氛中。晚上到達福岡後不要猶豫，就投身在那屋台氣氛中，充分享用因為是福岡才有的旅行節奏。

Milly那天大約10點多進入旅館，悠閒過頭幾乎是12點才出發，周邊還是異常熱鬧，大多數的屋台都營業到凌晨3至4點，不怕時間太晚。

基本上天神和中洲川端晚上是很熱鬧的，甚至該說愈夜愈美麗吧。地鐵中洲川端站邊「咖啡屋＋DVD出租＋書店」的TSUTAYA也是開到凌晨3點。

說起屋台，觀光客大多是集中在鬧區天神過去的春吉橋周邊，實際上天神和中洲川端也有很多零星分布的屋台。只是最集中的地區還是春吉橋周邊，熱鬧些，似乎也較具代表性。像是冷泉公園邊的屋台就不過才三間。

K　Y
U
S　H
U

・

Best Western福岡中洲

・

福岡愈夜愈美麗

・

TSUTAYA

先是一間拉麵屋台「照ちゃん」，接著是歐風屋台菊屋和屋台Barえびちゃん。

Milly先是很低調地在旁邊拍著照，還帶著些猶豫，畢竟一個女子要在這樣有風味的屋台坐下來是要有些勇氣的。

別看Milly一個人闖蕩江湖到處玩似乎很有膽識，可是要一個人進去這樣一個屬於歡樂的飲酒空間，不一鼓作氣或是以拼了的氣勢還真的會臨陣脫逃。

上回和上上回來到福岡就是沒能一鼓作氣，都沒能吃到想吃的屋台，一直很氣自己的無用。

怎麼說呢，屋台大都是三五好友去喝酒聊天的，要不就是情侶檔。

福岡的屋台，可不像我們的夜市攤或是蚵仔麵線攤是吃飯用的，一個人混在一堆歡樂中真的很微妙。那找一間沒人的屋台？又不甘願，也想如此一來，一個人的背影不就更孤寂，而且勢必要跟老闆聊聊天才不會怪怪的吧。

屋台Barえびちゃん

像是這回隱約看見小小攤位內放了很多紅白酒的菊屋，就是意外地冷清，一個客人都沒有。相對地，えびちゃん則顯得熱鬧得多，偷偷觀察大約有三對情侶。怎麼都是情侶檔呢（苦笑）。

二選一，該選那一種氣氛，還在猶豫，えびちゃん的店員一聲招呼：「有位置喔，請進來坐！」於是就這樣順勢進去，完成了雖然有些小緊張但很滿足的洋風屋台初體驗。

● 屋台外禁止擺放桌椅

● 這裡也可以喝到雞尾酒

● 穿著正式酒保服裝的海老先生

● 完全餐廳規格的擺盤

屋台Barえびちゃん，很明顯那穿著正式酒保服裝的光頭老先生えびちゃん（小蝦？海老先生！）就是這屋台的靈魂人物，其實這是無庸置疑的，連杯墊都是海老先生的畫像。

另一個在一旁幫忙的男子是海老先生的兒子，還有個女子主要是負責料理和燒烤。

小小的空間卻像是一個正規酒吧的縮小版，海老先生可以在這裡調出60多種調酒，意外的是，這裡的料理也架式十足，看見一旁的人點了帶骨德國香腸，似乎很好吃，Milly也跟著點了。端上來時真是驚艷，擺盤完全是餐廳規格，很難想像是在這麼一家小小的屋台中做出來的。更別說加了紅酒醋的沙拉和烤得適度的香腸是難得的道地又美味。

D A
T A
L
S T

● 屋台Barえびちゃん
· · · · · · · ·
福岡市博多區上川端町
冷泉公園前
19:00-03:00
週日或是天氣惡劣時休

九州夜晚的絕對特權

目前從台北前往福岡的飛機，主要是中華、國泰和長榮。

除了長榮外，其他兩間航空公司的飛機都是晚上9點後到達，雖說機場離市區很近，但是Check In完成大多也要10點多。

接近睡覺的時間？

不行不行！如果在福岡，就要充分利用福岡的特權。

立刻放下行李，找間屋台消夜去。

對上班族來說也剛好，可以只請一天假或是更精準些請幾小時，下午再出發去機場。

到了福岡就立刻轉換成旅行mood，這種時空的落差感是會讓人上癮的。

就是這樣，如果要Milly當導遊玩九州，可是要有好精力、好腳力和好胃口。

這次的九州行程，前半段有五天四夜加入兩位朋友同行。

三個人和一個人玩的行程不是很相同，第一次來和來九州多次的安排也不同。這次同行的朋友都是第一次來九州，因此排的行程很基本款，再加上一些Milly個人的堅持。

晚上跟朋友在旅館會合後，就立刻直奔春吉橋屋台區。

選擇春吉橋附近的屋台區，是因為同時可以看見燦爛的福岡夜景，對初訪福岡的人來說印象會深刻些。

而Milly堅持即使是在春吉橋屋台區，在看了「觀光屋台」後，還是該稍稍偏離一下觀

光客氾濫的區域，找一間當地人也會前往的風味屋台。

一般來說，福岡的屋台大約都是賣拉麵、炒麵、烤雞串等，以福岡特色一口餃子為主角的屋台不多。

因為一口餃子皮很薄，必須點餐後才包，包好後立刻煎然後即時上桌才能讓外皮保有那特別的酥脆，很費工，準備起來也花精神。

一口煎餃真的很小，大約不過是秀氣女生大拇指的大小。

經過判斷和篩選，Milly決定去貼近春吉橋但是在觀光區不同方位的一口餃子屋台武ちゃん。

武ちゃん

屋台的大將（老闆）自然就是武ちゃん（小武先生），福岡的屋台大多是以老闆的名字或暱稱命名。

小武先生的福岡一口煎餃經驗已經有40多年，原來是一口煎餃老店寶雲亭的師傅，二十多年前開始開設這以一口煎餃為特色的屋台。

（位在中洲的老舖寶雲亭在1949年創業，號稱是一口煎餃的創始店。）

一人份一口煎餃500日圓（8粒），配上酒，嗯，很不錯喔。

煎餃大小一口剛好入口，外皮薄卻也柔軟中帶著酥脆，肉餡多汁，鹹度適中。沾煎餃的醬油放了柚子皮泥，緩和了炸物的油膩。吃完一份很難不再加點一份。

攤位營業時間是晚上七點到凌晨三點，原則上週日公休，大風大雨天氣不佳時也會休息。

去屋台區也同時欣賞燦爛福岡夜景

春吉橋屋台區，營業時間是晚上七點至凌晨三點

小武先生是長得不錯的阿伯，總是一直帶著爽朗笑容包著煎餃。那天還很親切地主動幫朋友拍照，聊起天來很有分寸，態度冷熱得宜。

似乎是暗暗小有名氣的屋台，由屋台有限空間內擺放的簽名板來判斷的話。客人大多是男性上班族和一些常客。這屋台已經邁入25年，沖著小武先生而來的Fans可是不少，如果Milly住在福岡一定也會是其中一員。

看見一段網路上關於小武先生的文字，知道他除了歡迎大家光顧外還提出了一個很有趣的建議，就是「長居無用でお願い」（請不要占位過久）。

啊，明白明白，屋台座位不多，賓至如歸的歡樂自然重要，但流動量大才能賺到錢，或許這是大家很少意識到的屋台禮儀也不一定。

那天三人點了烏龍茶、梅酒、兩份一口煎餃、快炒青菜和鐵鍋韭菜味噌腸子，都不錯吃。

這樣的屋台預算，建議一個人大約訂在1500到2000日圓上下。

D A
T A
L I
S T

武ちゃん
・・・・

福岡市博多区春吉，春吉橋旁
19:00-03:00（最後點餐02:30）
週日休

K Y
U U
S H
O U

● 來自一口煎餃老店寶雲亭的小武先生

● 一口煎餃真的狠小

● 配上梅酒

啊，是的，福岡是這樣一個城市！

福岡的第一晚好眠，一覺醒來拉開窗簾，是一整面藍天。
這次初秋的九州行，一路天氣很好，透明藍天的日子很多。
果然秋天是旅日和。

天氣大好，一早就按捺不住要出外遊晃。
住在中洲川端地鐵站周邊，附近就有福岡亞洲博物館、博多座（演劇劇院），沿著河邊步道可以輕鬆走到一棟森林風建築「福岡市役所」和春吉橋畔的屋台區，沿著明治通り可以走到天神商圈，當然也可以沿著中洲川端商店街前往購物中心博多運河城（Canal City）。

住在JR博多車站（一般人習慣說是福岡車站，但正式名稱為博多車站）附近自然是最方便，但是如果要逛街和用餐，還是住宿在天神地區的旅館較便利。博多車站周邊意外地真是沒什麼好逛，地下街倒是有不錯的餐廳可以用餐。

2011年3月九州新幹線全線通車後，整修多年的博多車站已氣象一新，可以期待。
但不論怎麼說，福岡鬧區「福岡タウン」（福岡town）還是以西鐵天神站為中心。光是西鐵天神站出口方向的兩側馬路上，就有大丸、PARCO、三越等大型百

● 福岡市役所是森林風建築

貨和Loft，往福岡中央郵局方向走去，則可以看見ダイエーショッパーズ福岡店（Daiei Shoppers）、ミーナ天神（mina），ミーナ天神內有熟悉的品牌無印良品和UNIQLO。

要買書籍雜誌，大丸百貨附近有號稱九州最大規模的淳久堂書店。

此區的地下街連結「天神」和「天神南」地鐵站，也是超大規模，不但店面選擇很多，更可以從地下連接各大百貨公司，下雨天時很好利用。

在西鐵天神站後方有走高檔路線的地方性大型百貨岩田屋，Milly自己喜歡的還有外觀很時尚有很多用餐選擇的VIORO，對面的Solaria廣場雖說有些小雜亂，似乎也寬敞好

● 鬧區西鐵天神站周邊

K　Y
U　U
S　H
　　U

逛。

而這回好奇想去探訪的則是在西鐵天神站後方的大名、今泉和警固等區域，愈是往這方向深入，就會發現一些跟以往印象不同的福岡個性消費角落。

如果體力好，天氣好，以步行的方式就可以充分享受天神鬧區的逛街便利，但是那天Milly還是買了一張「一日地鐵券」，理由是那天是週五。

加上當日要跑的區域算大，又要「天神—博多車站」來來去去移動，買張一日券還是划算很多。

福岡的地鐵一日券平日是600日圓，在週五六日為了鼓勵搭乘大眾交通工具則是500日圓。週五的優惠一日券稱為ノーマイカーデー（No My Car Day），週六日和假日的優惠一日券則是エコちかきっぷ（環保地鐵票）。

總之Milly的個性是只要有一日券在手，就衝勁十足。

一早先在周邊散步把環境再確認一下，白天晚上畢竟是不同的。

將行李寄放在旅館櫃枱之後去了JR博多站，兌換好JR北九州三日PASS，加買了一張全九州的JR PASS，再將之後一路要使用的票全部預約搞定。

接著去一旁的「福岡交通センター」（福岡交通中心大樓），買好三日的全九州SUNQパス，將出國前在網路上預約的第一個路段的巴士票拿到手。

旅行中精密規畫交通手段，提早預約和購買相關票券是讓日後旅行更悠閒的基本動作。

- 地方性大型百貨岩田屋，隔壁是時尚的VIORO
- 星期五是福岡市「No My Car Day」，有一日優惠券

在福岡尋找滿足自我的情緒角落

把行程中所有的交通票券一次搞定後已經接近中午，真是耗時間，該去找吃飯的地方。

對於那天的午餐地點很早就有想法，是Milly這回怎麼都想探訪一遭的福岡天神商圈周邊，金泉區域的季離宮。

聽起來像是一間廟？非也，是一個規畫用心的綠意複合消費空間。

從福岡車站坐上地鐵，在天神站下車。

走到西鐵天神站後，Milly個人習慣是從「天神巴士センター前」穿進去「きらめき通り」再前進，也是往VIORO、岩田屋的路徑。

之後朝警固公園、警固神社方位走，一直走到「国体通り」。

這條大通的名字很硬，但兩旁種植著高聳的行道樹，也有些風格不錯的店家和餐廳，有那麼點福岡表參道的味道。

就這樣沿著国体通り一直走，之後會先看見若宮神社，再往前會看見市立中央兒童會館和巷邊的連鎖咖啡屋ヴェローチェ（VELOCE），沿著巷子一直走進去就可以看見季離宮了。聽起來很複雜？但是用走的真的較不會迷路。如果搭乘巴士就是在金泉一丁目站下車，但是大城市的巴士路線最難上手，不熟悉反而會耗時間。

Gouache

在到達季離宮前，先被間服飾雜貨屋Gouache給吸引停下腳步。

那純白的獨棟雙層樓建築、門前的綠色植物和盆栽都很有感覺，雖說沒有購物動機還是推門進去。

大門旁是高挑的玄關、一樓布置品味的服飾和飾品、二樓在陽光下展示生活用品、骨董飾品和家具，都很喜歡。

每一個角落，拍下來都像明信片，是一間講求人和物的美好關係的服飾生活雜貨屋。

● Gouache旁邊的堂島蛋糕店

Gouache一旁是店頭很氣派華麗的「堂島ロール」（堂島蛋糕捲）菓子屋。

堂島ロール所在的摩登建築是Apaiser，建築內除了這間日本連鎖蛋糕屋，還有美容院、義大利餐廳「ドリスカフェ」（Doris Cafe）、創作和風料理店「じん乃仁」（店名還真奇怪，但是當天沒去吃店內的和風有機套餐一直很後悔）、BAR「The Party」等等。

總之是一個很摩登的區塊，讓人對以為不是那麼時尚摩登的福岡，有了新的認知。

緊貼著Apaiser就是這次散步路徑的主要目標季離宮。

季離宮

這個以森林為設計概念，2006年11月1日開幕的複合消費空間，宛如綠意充分的公園，置身其中即使是炎炎日照下也感覺舒適清涼。

真的是一個很值得參考，有想法、有理想又有品味的空間規畫。

季離宮2007年曾獲得日本Good Design建築‧環境設計獎，的確實至名歸。

建築的腹地其實不算寬廣，但保留很多綠色空間，因此視覺上是很舒適的。

空間大致分為「上離宮」「中離宮」「下離宮」3棟。

上離宮一樓是西班牙餐廳「la Basquaise BISTROT」、二樓是以佐賀牛和有機蔬菜為主打的牛排屋「Steak and Veggie 煉」。

● 獨棟雜貨屋Gouache

K O Y
U H
S O H
U

宛如置身森林的消費空間

季離宮曾獲日本Good Design
建築・環境設計獎

K　Y
　U
S　　H
　　　U

這兩間餐廳看似價位偏高，但都有午餐套餐，門檻不至於太高。

中離宮地下一樓是美容院，一、二樓大多是裝潢、家具、雜貨店，旅人要去逛這樣的店，購物自然不是重點，以欣賞的角度閒晃已經是很滿足。

在創意家具店Factory Shop Hiromatsu內，還有之前特別前往購買精品咖啡豆「ハニー」（honey）的咖啡區，可以在空間內點杯咖啡，也可以買咖啡豆和周邊商品。

只是喝咖啡居然是用紙杯，這點不合Milly心意，所以雖說上次去了ハニー本店兼烘焙屋時喝到的咖啡滿意度很高，這次依然沒有在此喝一杯的興致。

下離宮有很好逛的點心烘焙材料店「CUOCA」，和堅持用有機食材、光線極佳有著露天座位咖啡屋「KURUMI」。

平日前去季離宮人潮不多，原本就很悠閒的空間更加悠閒了。或許應該這麼說，這空間是要去使用而不是看的。來的人都有明確目的，買麵包、看家具、商討裝潢或是享受餐食，好奇的人大概只有Milly這個過路遊人。

季離宮在環保上也頗用心，除了空間綠化、減少二氧化碳排放，維護庭園植物的水是儲存的雨水，各餐廳產生的廚餘會經由分解後製成堆肥，是一個可以用欣賞角度去讚許的消費空間。

● 家具店內可以喝咖啡

博多五行

都專程來到季離宮，本來要在綠意豐饒的餐廳中優雅午餐。可是一個分心，被一旁的五行字樣給吸引，更何況雖然是拉麵店，裝潢卻是和風都會摩登，Milly對和風摩登的餐廳沒什麼抗拒力，有可能都想去探訪一下。

在京都旅行記憶中也去過一間五行，是晚上變身居酒屋的摩登拉麵店，想必是京都五行的支店。進去後空間果然是跟京都五行一樣的時尚風，完全不是一般拉麵店印象，就算說這是咖啡屋、義大利、法國料理餐廳，應該都不會有違和感的洗練裝潢，有的包廂天井上還吊掛著水晶燈呢。有水晶吊燈的拉麵店？正是這樣。

進一步查詢後知道，五行（GOGYO）除了京都外，在東京還有代代木上原五行、銀座五行、西麻布五行，然後是這間博多五行分店。

更驚訝的是，這間居酒屋＋拉麵店的摩登用餐空間，源自博多的拉麵名店一風堂。根據地方特性，每間分店的料理和空間訴求也完全不同。

Milly點的焦香味系列塩麵是博多店的季節限定，湯頭意外清淡，爆香的蔥花將湯頭帶出些微妙的後味。塩麵的焦味沒那麼重，如果是點焦がし醬油麵之類的，就要有心理準備，湯頭真是完全一個黑字。

不論哪個都市的五行拉麵，都是以焦がし醬油麵、焦がし味噌麵、つけ麵三

- 五行拉麵走都會摩登風格
- 生蛋拌飯配上生蛋拌飯專用醬油，加點只要100日圓

KYUSHU

種拉麵為推薦，與本店一風堂幾乎可以完全區隔開，跟一般印象中的拉麵也不同。麵很細，是五行自製的。

以分量和清爽度來看，頗女性消費導向，是間女性可以輕鬆進入的拉麵店，更進一步說，是一個人也可以輕鬆進去的拉麵店。

Milly那天還以100日圓加點了玉子かけご飯（生蛋拌飯），是中餐的特惠配套。

倒不是那麼想吃飯，只是一直都想試試生蛋拌飯專用的醬油。

先將生蛋打散，淋在熱騰騰的白飯上，再淋上醬油。

醬油罐上很驕傲地寫著：寺岡家たまごにかけるお醬油（寺岡家生蛋拌飯醬油），是百年老店的自信商品。

吃完後也沒什麼特殊的感想（笑），該說本質上不是那麼習慣吃生蛋拌飯的關係。

D A
T A
L I
S T

◉ **Gouache**
‧‧‧‧‧‧
福岡市中央区今泉1-19-8
11:00-20:00
無休
http://apartofapart.blog25.fc2.com/
blog-category-0.html

◉ **季離宮**
‧‧‧
福岡市中央区今泉1-18-25
（各店營業時間和公休日可參考季
離宮網站）
http://www.tokirikyu.net/

◉ **博多五行**
‧‧‧‧
福岡市中央区今泉1-18-26
11:30-16:00（假日11:30-17:00）
17:30-24:00（週六17:30-01:00）
無休

● 博多店季節限定「塩麵」

不在？不在！

這是旅行中很難避免的，一些想去的店家，前去期間剛好是定休日。如果真的很想去就會遷就定休日安排行程，否則只好放棄的情況也是經常發生。

最怕的，還是那些不定休的店家。

有時會隨興的因為私事或是參加活動，突然就休息了，不開店。通常會在網路上通知，但是對旅人來說還是很難掌握。

習慣上，Milly不論下飛機的第一站是哪個城市，可以的話最先去消費的大約都是書店。先在書店翻翻雜誌和書，看看近來日本流行的情緒和關鍵字是什麼。

雖說行程大致上在出國前會排定，但是關於都會散步，就會根據最新的雜誌或是書中的訊息來增減。

這次來九州的第一晚買了《散步日和 福岡篇》，從作者的推薦中選了兩間怎麼都想去探訪一下的咖啡屋和麵包屋。

一間是有古書＋咖啡的coffon，還有一間是只在週五才開店的麵包工房la cle。

看了地圖順線安排，計畫先在地鐵藥師大通站下車，去了coffon後再走去la cle。

搭乘地鐵在院大通下車後，迷路、問路、認路向前，終於來到無電梯舊公寓三樓的coffon店前。

可是店門緊閉，毫無營業中氣息。

Check一下資料，原來加註了不定休字樣，最恐怖的開店規則。

有些不死心，於是問了一旁的雜貨屋店家「SWAY」，店員很親切說可能店主今天有活動外出了，還說：「都已經快兩點，應該就不會來了。」

什麼！Milly可是坐了飛機，遠從台灣而來，坐了地鐵加上迷路又迷路才來到，居然撲空。

但是店家不能為了一個顧客存在。撲空也是無奈，自認不運。

心裡同時在盤算，在福岡停留的時間中什麼時候可以再來。

畢竟是真的很喜歡的咖啡屋邏輯，有古

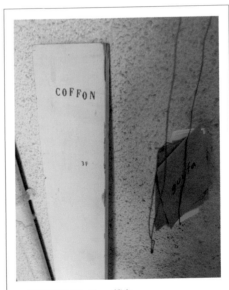

● 遇到不定休的coffon，撲空

書、有個性的老舊空間，還有中午就可以飲用的自家製水果酒。後來下樓，在一樓的角落看見了，那低調、安靜，用木片排出的CLOSE字樣。

Canezees Doughnut

在前去la cle之前，為了轉換氣氛也為了給自己打打氣，就在coffon一旁的流動攤販買了手工甜甜圈來吃。

小店的名稱是「ケンジーズドーナツ」（Canezees Doughnut）。

車內販賣的是有想法的，不只是甜甜圈的甜甜圈。

每日手工製做、使用米油為炸油、使用九州筑後平野產的小麥粉、麵糰內加入健康黑糖、不使用雞蛋、炸過的油會有效利用成為「ドーナツECOカー」（甜甜圈環保車）燃料。

Milly巧遇了福岡甜甜圈專賣店「Canezees Doughnut 博多」的環保車流動店，有時會配合活動移位經營。

據說燃料使用的是炸過甜甜圈的油，所以排出的氣體可以聞到甜甜圈的香氣。真的假的？很好奇呢！

Canezees Doughnut博多的本店位在福岡車站前，此外在店屋町還有間Canezees CAFE。

● 甜甜圈專賣店的環保流動車

la cle

在車前唯一的坐位小歇後，繼續前往la cle。

尋找過程意外（意料中？）讓Milly吃盡苦頭，居然位在如此刁鑽的位置。

在大馬路進去的巷子內，一間麵包店後面陰暗公寓的裡側。

剛巧問路的年輕人似乎是房地產業者，也知道這間麵包工房，才能指示Milly如何走進公寓搭乘電梯再如何轉進去。

資料顯示麵包屋是從桜坂駅走路約600公尺的地方，只在週五下午一點後才開店，而且賣完就休息關店。

Milly對這樣限量限時的刁鑽店家是怎麼樣都想去挑戰的，才會即使知道會迷路還是鍥而不捨前往。

到了藏身一般公寓中的la cle店前，看見門前放置著OPEN字樣，立刻一陣欣喜。

可是屋內完全沒人的氣息，不像是開店狀態。

一次一次地確認那OPEN字樣，按電鈴，傾聽屋內動靜。

沒人！只在週五下午營業，專程在週五前來，卻沒人。太無情。

後來上網看了Blog才真相大白。Milly是9月17日週五前去，店主在9月10日的Blog寫下：

> 9月の工房販売は今日で終了。（九月的工房販售今天結束了）
> 来週から3週お休みをいただきます。（下週開始休息三週）
> 帰ってくる頃には焼菓子がおいしい季節になっているかな。（再回來的時候正是蛋糕好吃的季節了呢）

這天下午，隨興的Milly，遇見了兩個更隨興的店主。

不在。

請下回再來。

下回，對旅人來說是很浪漫卻也很哀怨的字樣。

（沒完成的行程會這樣寫下來，是希望看見這文字的旅人能延續Milly的挑戰，在某段前往福岡的旅途中，於週五午後探訪一下這刁鑽的，據說也賣著好吃點心的蛋糕屋。）

● 不在，下次再來

Canezees Doughnut
· · · · · · · · · · · · · ·

福岡市中央区警固3-12-1
甜甜圈車的營業資訊可看以下的Blog
http://blog.canezees-doughnut.com/

la cle
· · · · ·

福岡市中央区赤坂3-10-49 赤坂山愛マ
ンション　307室
http://lacle-mari.com/

堅持而來的Coffon午後微醺時光

Milly是頗旅行體質的。
同時也很咖啡屋體質。
自己以為。
換個角度說，根本是固執體質。

對於咖啡屋有一定的執著，好奇的、在意的，只要有可能一定會前去。
都說了，Milly旅行樂趣很大的一部分是「天涯海角也要去到那間咖啡屋」。
所以有時間自然還是要再去一次，那天「不在」的coffon。

咖啡屋的自我介紹：coffon是有二手書、咖啡、果實酒的店，提供咖哩飯、蛋糕和每日特餐。翻著二手書喝咖啡也好，看著窗外用餐也好，喝著季節果實酒微醺中也好，就這樣度過悠閒時光。對了，順便一提，這裡所有的書都是可以買下來的喔。

跟咖啡屋的關係像戀愛一樣。
有時是一見鍾情的，進去的瞬間就知道喜歡上了。
有時是相處後慢慢喜歡上，但這對旅人來說多少有點困難。
最多時候，還是靠著一年一年一次一次的經驗累積，從眾多的選擇中，很精準直覺地，挑出自己喜歡的場所。
跟戀愛一樣，慢慢地，會意識到自己真正喜歡的是怎樣的人。

正是這樣。
光是看見這段文字，自然就明白這是間可以放心去喜歡的咖啡屋。

這一日，是特別留給自己的福岡都會散步日。
還是毫不遲疑地把時間留給上次撲空的coffon。

coffon

coffon位在アーバン警固三樓，沒有電梯的舊公寓。
老舊的綜合大樓，古い雜居ビル，日文通常是這麼形容的。

K○Y○
○U○
S○○H
○U

● coffon似乎不適合高揚情緒

一進去殘舊的大樓，立刻引起Milly好奇的是樓層標示，尤其是二樓那讓人會心一笑的「愛信探偵事務所」。位在殘破公寓內的偵探社，很像是村上春樹小說內才會出現的場景。

然後走進一樓昏暗的玄關，確認那牆角擺放了「OPEN」木牌。

太好了，回來了。

爬上三樓，情緒簡單地高揚起來，門邊擺放著小天使雕像，屋內透出溫柔的燈光。

但是似乎不是一間適合高揚情緒的咖啡屋，平服一下心情，深呼吸。

悠閒地，推門進去，是比想像小很多的咖啡屋。

第一印象是天井很高，空間很舊。一進門就看見矮牆後的小廚房，另一面是書櫃，面向格子窗櫺有一排長桌，然後就是矮牆前兩個不大的桌位。

是完全符合想像的，會喜歡上的咖啡屋，一進去就可很放鬆地融入那溫柔空間。

桌上都放了書，Milly選擇的牆邊桌上，有著幾本很美好的海洋旅行文字書。

點了以「甘夏」（大分縣改良的甜橘品種）釀的柑橘風味水果酒，配上核果。

果實酒加冰塊是730日圓，加蘇打調酒是840日圓。冰塊是剉出來的冰山狀模樣，又是一個感動的元素。

店內的角落和矮牆上放著一罐罐的水果酒，玻璃罐上貼著酒別和釀酒日期，很手感的。

店主是個子小小的女子，岡山出生的妹尾小姐。

不是很熱情的，神情淡淡的，自在地為客人準備著當日的營養午餐套餐。

畢竟是一個將空間留給悠閒，留給客人的咖啡屋，自然不適合情緒高揚的店主。

店內的古本（二手舊書）都是妹尾小姐自己看過，喜歡而留下分享的。

菜單用紙是樂譜，上面寫了「メニューにはのってないあてなどもあります」（也有沒寫在菜單上的あて），Milly對這說法很好奇。

「あて」？原來是關西地區的つまみ，下酒菜的意思。

這間不定休的咖啡屋，卻是週一到週日都營業，開店時間也很晚。

週六週日更是13:00-24:00。

就是說，是晚上也可以小酌一杯、看書消磨時間的咖啡屋。

看似恬淡的守護姿態，咖啡屋卻意外進行著頻繁的人文活動，像是演奏會或是書本朗誦會。

這麼看下來或許你已經察覺到了，果然是一個悠閒節奏的店主。

提供午餐，但是每天都是一點才開店，是希望不急不急午餐慢慢來吃就好。

或許也是刻意要擋掉附近那些中午匆忙用餐的上班族？

是Milly如果住在福岡，一定會試圖馴養

的咖啡屋。

可以一個人前來，毫不顧忌地浪費時間。

發發呆。

喝杯酒。

點杯咖啡。

看看書。

這樣的咖啡屋，試圖用文字去框架它，容易陷入自我嫌惡。

何必去形容呢，總之就是一間會喜歡上，至少Milly一眼就放棄抵抗，可以用情緒記憶的咖啡屋空間。

Coffon
· · · ·

福岡市中央区警固3-1-28
アーバン警固3F
13:00-2:00；假日13:00-24:00
不定休
http://www.coffon.cc/

KYUSHU

· 鄰居是「愛信探偵事務所」，彷彿來到村上春樹小說的場景

· 隨處可見自釀的水果酒

· 柑橘風味水果酒，配上核果

kyushutrip2

福岡的非日常度假生活

福岡的非日常度假生活

福岡。

9月17-18日

● 下飛機後的第一個憧憬午餐

　　10分鐘從都會前去能古島

柳川在好天氣下好風情

　　來福岡怎能少了太宰府

計算柳川、太宰府的交通

下飛機後的第一個憧憬午餐

福岡是日本少見國際機場距離市區超近的城市，下飛機出關後先搭乘免費接駁車前往國內線機場，再轉搭地鐵花個250日圓10多分鐘，兩站就到了博多車站。

因此如果搭乘早班飛機，12點前就到達旅館放好行李一點都不是難事。

2009年夏天前往福岡五日純都會遊的那回，Milly就在12點前將行李寄放在博多車站筑紫口區域的旅館，然後在艷麗陽光中沿著林蔭大道，前往憧憬旅店WITH THE STYLE享用美味午餐。

在WITH THE STYLE開幕後就一直憧憬住宿，喜歡那距離車站不過10分鐘腳程，卻可以呈現慵懶悠閒的熱帶度假旅店的奢華品味。

可是這旅館沒有單人房，僅有的16個房間都是雙人房，一人住宿還是要預約雙人房，那超過三萬日圓一晚的住宿價位讓Milly遲疑，因此一直未能體驗。

● 前往憧憬的熱帶風情旅店WITH THE STYLE

飯店開幕初期，餐廳還有開放外來客人用早餐，近年就只剩下中餐和晚餐。如果可以選擇，自然更憧憬以早餐型式介入這都會度假風旅店，退而求其次，在暖風吹拂下吃個午餐也是可以的。

早上才從家裡出發，或許剛吃完餅油條蛋餅，不過是四到五小時後就置身在福岡都會一角，在椰林環繞有如海外度假地的池畔餐廳，享用著小奢華風的午餐。所以會建議如果搭晚班機就立刻投入福岡屋台的夜晚歡娛中，搭乘早班機就寵愛自己一個非日常的午餐如何？

from our kitchen

那天選擇的是透過窗外可以看見泳池、椰林、有著開放廚房的義大利餐廳from our kitchen。
1500日圓的午餐套餐，有手工麵包、沙拉以及好吃的炭烤牛排，加上咖啡和甜點。

美味餐食自然是推薦的要素之一，但是更推薦的是那時空落差的浪漫樂趣。

D　A
　T
L
　S　T

from our kitchen
· · · · ·　· · · ·
福岡市博多区博多駅南1-9-18
11:30-15:00
（限週一至週五，最後點餐14:30）

● 椰樹環繞的池畔餐廳

● 非住宿客也可以來享用飯店午餐

K　Y
S　　H
　U

10分鐘從都會前去能古島

以為城市有河流穿過因此更有表情,然後有港口或碼頭,最理想的是有著連繫島嶼的渡船。

像是香港、巴黎、倫敦、雪梨、上海和紐約。

未必喜歡香港卻異常喜歡香港跟離島的關係,十多分鐘或數十分鐘的距離,就可以脫離都會喧囂,前往被海洋環繞的風情小島上。

因此當知道福岡周圍有一個坐渡船不過10分鐘就可以到達的能古島,怎麼都想去感染那迥然不同的度假風情。

手上有一張福岡都會一日地鐵券,要前往能古島最方便的方式是搭乘地鐵先到姪浜駅。

本來以為渡船口就在可以步行前往的地方,沒料到居然還要轉搭巴士。

好在只要在「姪浜駅北口バス停」搭乘98號巴士,在終點站能古渡船場下車,就可以到達。巴士行駛時間大約是10分鐘。若是搭乘JR則是在JR姪浜駅下車再轉乘巴士。

另外從天神地區也有不少巴士可以直接前往能古渡船場,5、9、98、300、301、302、312號巴士都可以搭乘。

從鬧區天神前往不塞車大約是30多分鐘,車費不過360日圓。

從能古渡船場搭船,船次平均30分鐘一班,單趟是220日圓,往復券是440日圓沒有優惠。(下午非通勤時間是一小時一班。)

前往的季節是初秋,天氣卻依然炎熱,只是夏日的海灘活動已經結束,秋日的波斯菊旺季則還要等到9月末10月初,因此現在是能古島較為閑靜的時節。

也是因為這樣,Milly一開始也沒打算體會海灘風情,寄望能看見美好的黃昏就好。

於是那天就先悠閒地在福岡都會悠閒漫步,預估能古島初秋黃昏應該在6點以後,估計4點前再慢慢出發。

搭地鐵轉巴士到達渡船口時,4:15的渡船早就離港,必須很悠閒的等那5:15的渡船。

碼頭小小的,基本功能就是連接島民和福岡都會。

周邊沒有商店,也沒有什麼可以消磨時光的消費空間,很樸實。

不過正是那斑駁的時刻看板、不光鮮的候船室、悠閒的零星乘客,讓這渡船口更有癒す(情緒療癒)的風情。是喜歡的。

當天天氣很好,天空很藍。

刷了純白油漆的碼頭建築,在藍天襯托下還是頗有前往度假地的氣氛。

搭乘的渡船倒是意外氣派，雖說不過是10分鐘的航程。

選了露天的甲板位置，渡船朝向能古島前進，福岡的都會風貌也浮現眼前。海平面上可以清楚看見福岡巨蛋、福岡塔和超高建築。

光是這樣的搭船過程，盡收眼底的風景，已經覺得這趟離島路徑（海徑？）是美好的。

到達能古島後，立刻查覺碼頭邊的主要觀光點「能古島案內所」和「のこの市」已經

● 到姪浜搭船前往能古島

● 渡船意外氣派

● 10分鐘轉換到離島度假mood

在緩慢收攤中。也是，一般來說5點過後本來就是觀光客的回程時間。

販賣當地物產的のこの市，在資料上也是顯示營業到下午5點（週末假日則是至6點）。

如此一來自然也就吃不到裡面賣的地方風味漢堡，和本來有些好奇的能古夢咖啡園自家烘焙有機咖啡。

能古夢珈琲園是當初看資料時好奇的空間，不過心態上又不是很相信這樣的環境可以種出好咖啡豆，看圖介紹又怕壞了期待，很矛盾地，想去卻也沒有一定要去的衝動。

如果真的好奇倒是可以前往，看看那溫室種植的咖啡樹，入園費是500日圓，附上一杯咖啡。

咖啡園距離碼頭約10分鐘，若是下午5點以前前來可以花個200日圓，一樣可以喝到離島地產地消的咖啡。

在出發時早有心理準備，可能沒有充分時間喝到離島咖啡，碼頭邊有間咖啡屋卻沒能前去是很懊悔的。

畢竟這次能古島小旅行的重點除了黃昏，就是那由柴田夫婦在樸實島嶼上經營的，如一道彩虹般存在的noconico咖啡屋了。

● 能古夢咖啡園，這次沒能喝到離島咖啡

noconico cafe

資料上說營業到晚上7點，但是後面加上了「目安」的字樣，就是大概啦，預估啦。

定休日，基本上是雨天，果然又是個悠閒的店主。

所以安全起見，請在晴天前往。更謹慎起見，出發前上網看看有無特別通告較保險。

的確那天Milly前去的時候明明才5點半多，似乎是柴田太太的可愛女子就很不好意思的說可以點飲料喝但是她想趕下一班船回去，請Milly自在休息但是咖啡屋會處於準備關門的狀態，喝完的飲料瓶放在店門口就好。

在柴田太太的推薦下，Milly點了一瓶柑橘口味的能古島サイダー（蘇打汽水）。

光看外觀就一眼喜歡上，是完全符合離島風情的飲料。冰得很透，入口非常舒暢。

離島風味的能古島サイダー
原本由法國人經營的noconico café，
據知3年前柴田夫婦本來只是離島的遊客，而noconico café原是由法國人經營，咖啡屋那色彩鮮艷的塗鴉就是那法國人的作品。

有天柴田夫婦前去時，聽見法國人要返國，無奈必須將咖啡屋收起來！

夫婦就想不如接下來好了，就這樣成了咖啡屋的新主人。

真是隨興，難怪小小的咖啡屋也是充滿

- 原是法國人經營的noconico café，色彩繽紛

- 能古島サイダー，完全符合離島風情的飲料

隨性自在的氣圍。

保留了法國人的鮮豔彩繪，店內提供各式簡餐、飲料和自製點心，另外還販售可愛的復古風雜貨和古本。

是一間想轉換心情時，搭10分鐘渡船就可以完全脫離日常的理想離島咖啡屋模式。

拿著那瓶能古島サイダー，候船時間在一旁的漁港遊晃，大部分店家都已經關店，のこの市被暮色渲染上悠閒的昏黃光影。

碼頭旁的海堤，可以看到在海那端的福岡都會風景。

好一個悠閒，真是悠閒。能在旅行中擁有這樣不慌不忙，無欲無求的時空，也只能說是幸福。

搭上6點的船回去。

短暫的滯留是喝完了一瓶能古島サイダー的時間，同時消磨了悠閒情緒。

期待中以離島為背景的黃昏，也在一秒秒變化中完美呈現眼前。

都會、離島。

藍天、夕陽。

十分鐘的渡輪距離。

D A
T A
L I
S T

能古夢珈琲園
• • • • • •
福岡市西区能古284-1
10:00-17:00
雨天和12/25-1/10休

noconico cafe
• • • • • • • • • • • •
福岡市西区能古457-1
11:00-19:00
雨天和冬季休
http://www.nocomono.com/noconico.html

● 十分鐘的渡輪距離，看見離島與夕陽

柳川在好天氣下好風情

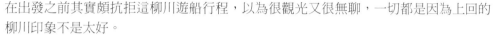

在出發之前其實頗抗拒這柳川遊船行程，以為很觀光又很無聊，一切都是因為上回的柳川印象不是太好。

但再次體驗可能是季節對天氣也好，印象完全改觀。以為時間充裕不妨一遊，以船夫划船的緩和速度慢慢地旅行鑑賞柳川。

每個觀光地方一定有關鍵賣點，柳川的觀光關鍵字是柳川 川下り、北原白秋、柳川鍋、うなぎのせいろむし（蒸鰻魚飯）、松濤園、舊戶島家住宅等。

北原白秋、松濤園、舊戶島家住宅與柳川歷史相關，不是日本人，情緒未必能置入，首先就放棄。

同行的朋友不敢吃鰻魚，所以柳川的名物料理うなぎのせいろむし也跳過，於是柳川遊的重點就決定放在柳川 川下り的遊船。

在西鐵柳川車站5到10分鐘的走路距離內，一共有6個不同遊船公司的乘船處，每間的航程大致相同，費用也大致是1500日圓。

如果不是以西鐵的套票遊覽，便可以自由選擇不同的遊船公司。

柳川是著名水鄉，境內以將近60公里長的河渠蜿蜒貫穿。這條河道大約完成於400年前的藩政時代，當時為了治理地方，興建了現在還保存著的柳川城，同時為了在柳川城四周建立都市必須先治水，於是挖掘了這河道。

遊川行程是指所謂內堀（內護城河）的4.5公里部分，一般都是從柳川車站周邊的乘船處上船，船隻通過「城水門」後進入城內的護城河，之後忽左忽右緩緩蜿蜒前進。

「柳川 川下り」是一般行程，從下船處搭乘的「柳川 川上り」反向行程也是有的，但必須事前預約，沒有固定的出發時間。

那天天氣很好天空很藍，氣溫略微偏高，說實話坐在那片柳葉狀木船上緩緩前進時，有時真的會被太陽曬得有些心煩氣躁。好在偶有微風劃過河面，尤其當船身划入林蔭時更是非常舒暢。依照導遊兼船夫的話來說，這天是絕佳的柳川 川下り日和呢。

的確，如果剛巧遇上的是陰沉的日子，天空不夠開朗，多少會影響遊心。

說典型也的確是很典型，但以遊船方式遊覽柳川真是頗愉快。兩岸的水上人家和店面多數會在後院種植些花草，河邊步道也修整得很整齊。

可乘載10多人的木船不時經過古舊石橋或木橋，當穿越某些異常低矮窄小的石橋時，

水鄉柳川，境內河渠近60公里長

水上店家，喊一聲就可以停船消費

原本抗拒遊船行程，結果印象完全改觀！

KYUSHU

船夫像是施展軟骨功一樣，整個人要彎腰才能剛好通過。也是因為這樣，如果遇上大雨，遊船就會被迫中止。

沿途還可以看到一些古老風味的倉庫建築群和武家屋敷遺址，船夫也會一路作風趣的導覽。

說得自然是日文，不懂其實也沒多大損失，以為只要放鬆地觀看沿岸風景變化就好。有時野鴨和烏龜也會好奇靠到船邊，似乎已經習慣了遊人的騷擾。

船隻有時也會貼近水上店家，如果想買點心或飲料，說一聲！船夫就會靠邊停下讓大家小歇。可是這天其他遊客興致似乎不大，幾次通過店家大家都安安靜靜沒反應，Milly一行人也就怯於開口，可惜了沒能體驗那在船上消費的樂趣。

在沖端下船後，一般遊客多是在等待接駁巴士的時間內於川邊散步和用餐。主要的觀光重點是北原白秋生家和紀念館、御花松濤園，如果不是很清楚，下船處不遠就有觀光案內所，可以索取散步動線的地圖。

不知道可以去哪裡用餐，同樣可以詢問案內所。

要吃名物蒸鰻魚飯，建議可去近400年歷史號稱元祖蒸籠鰻魚飯「本吉屋」的分店、150多年老鋪的「若松屋」、御花松濤園的「御花」，和在江戶初期創業的「皿屋 福柳」，如果想吃另一個名物柳川鍋則可以選擇「六騎」。

Milly上回自己前來吃了本吉屋的蒸籠鰻魚飯，風味的確不錯，只是還是偏好炭

KYUSHU

● 蒸籠鰻魚飯始祖本吉屋的分店
● 柳川屋

烤後有焦香味的鰻魚飯就是。

加了蛋和牛蒡去燴煮的柳川鍋，乍聽之
下容易斷定一定跟柳川有關係，有派說
法的確認為柳川鍋發源於柳川（因使用
柳川燒的土鍋），但更多人認為是因為
這道獨創料理來自東京一間名為柳川的
店家。

若只是單純想吃鰻魚，那柳川屋可能是
更好的選擇，因為各式鰻魚料理一應俱
全。當然更簡便的方式是在下船處的皿
屋福柳外帶一個鰻魚飯糰。在節約預算
的同時，也享用了柳川的招牌美食。

不過Milly一行三人選擇了很另類的紅茶
咖啡屋，原因是不打算搭乘兩個多小時
後發車的接駁巴士，決定短暫停留後以
自費200日圓搭乘西鐵巴士返回柳川車
站。提早前往太宰府，盡量提早返回福
岡市區。畢竟在三人同行的九州遊安排
中，今晚是唯一的購物夜。Milly雖說
不是那麼愛逛街購物，但如果短程旅行不
能留些時間給購物也太殘忍了。

紅茶の店 River Flow

當初看資料時最有興致探訪的柳川景
點，就是這間可以吃著偏愛的scone，
同時從二樓窗邊可以欣賞柳樹的紅茶屋
紅茶の店 River Flow。畢竟在眾多店家
中，似乎只有這間茶館獨具風格較能脫
離觀光客思考。

皿屋福柳，可以外帶鰻魚飯糰

紅茶の店River Flow　　　紅茶色的愛心

scone濃郁鬆軟　　　窗邊是隨風飄揚的柳
樹和划行而過的遊船

紅茶の店 River Flow位在下船處對面，改建自70年以上歷史的古民家，為了突顯紅茶的英式印象，店內的裝潢偏向懷舊歐風。

真要說懷舊歐風演出倒不是那麼精緻精準，甚至還有些抓襟見肘的不完全感。但紅茶品質和scone的濃郁鬆軟還是值得稱讚，茶具也頗用心，Milly點的紅茶＋scone套餐，更是用了倒入紅茶後會顯現一顆浪漫紅茶色愛心的杯具。

坐在歐風椅子上看見的窗邊景緻，那隨風飄揚的川邊柳樹和划行而過的遊船模樣也很悠閒，天氣好時打開窗戶讓微風徐徐吹入更是風情。

二樓是Tea Time空間，一樓除了靠窗桌位外，主要是手工糕點和精選紅茶的販售空間。除了日本國產紅茶外，更集合了6個國家50種以上的各式風味紅茶。

D A
T A
L I
S

紅茶の店 River Flow
• • • • • • • • • • •
柳川市稲荷町13-5
11:00-19:00
無休

來福岡怎能少了太宰府

在不考慮都會購物行程的情況下，一日遊的安排，Milly建議早上先搭乘直通的特急列車前往柳川，參加川遊行程，中午在下船處沖端用午餐。在Milly的主觀判定下，柳川沖端的鰻魚料理比起太宰府選擇較多也較有地方特色，建議在沖端用餐，略為散步後，再返回柳川車站前往太宰府。

連結「天神—太宰府—柳川」的西鐵巴士頗為頻繁，所以不用過於精準計算時間。一樣可以順暢旅行。倒是「沖端—西鐵柳川」的接駁巴士班次就沒那麼頻繁，建議在觀光案內所預先拿一張時刻表較為穩當。
不論是從天神或柳川前去太宰府，大多需要在二日市換車，有天神直達太宰府的列車，但班次不多。從西鐵二日市站前往，只停靠五条站後就可以到達。

至於太宰府，幾乎可以說是Milly的日本旅行原點。
第一次前往日本是跟阿姨去的，而且第一次日本行就堅持要以JR PASS加上住YH（青年旅社）的自助方式，記得首夜預約的就是太宰府的YH。
當時日文完全不行，非常幸運地飛機鄰座的日本人很熱心幫了大忙。
那位中年男子得知我們第一晚居然要入住偏遠的太宰府YH，非常驚訝。堅稱第一次來到日本就要在黑夜中前往太宰府找尋位置不明確的YH，實在太冒險。
於是很好心地請接他的司機順路送Milly和阿姨。男子是會說些英文的社長，真是幸運。就是這樣，第一次第一晚的日本住宿，可以不迷路不困惑地完成任務。

或許是這樣的經驗，這樣開始了跟日本的關係，對日本的印象一直保持在良好位置。
如果第一次的經驗是很慌亂又挫折的話，或許日後的發展會有所不同也不一定。
正像是對於柳川，第一次前去，手上資料不齊全，遇上陰雨天又是綠意貧乏的冬日，隨意走去的乘船處荒涼而無生氣，印象自然一般。這回前去是大好藍天，沿岸風光幽靜，好感度就完全不同。
遺憾的是在寫文時搜尋資料，發現在當時住宿的太宰府YH已經結束營業了。

正因如此，當決定出版《九州：大人的理想休日》時，即使多麼排斥制式的觀光點，還是覺得該重返太宰府。更別說同行友人是第一次來到九州，少了太宰府的福岡畢竟是不完整的。

太宰府天滿宮

太宰府天滿宮供奉的是學問之神菅原道真（有日本孔子之稱），考季前很多學生都會來此求御守，保佑考試順利金榜題名。

華麗富貴的正殿前有株很多人搶著拍照的梅花樹，傳說梅花樹仰慕著菅原道真，於是從京都飛來此地，因此被稱為飛梅。

也因為這美麗的傳說，在參道兩邊的特產店多數賣著太宰府名物梅枝餅。

天滿宮一帶種植了6000株以上的梅花，在初春梅花季節這裡自然被賞花遊人擠得水洩不通。

闊別二十多年的太宰府印象？

可能真得是拜當日的藍天好天氣之賜，久違的太宰府真是比記憶中美好太多。

首先從車站走到參道的名產商店街，路途不遠，動線也清楚。參道兩旁的商店雖然觀光氣息濃厚又充斥眾多梅枝餅店家，但整體環境很乾淨，規畫用心，沒有一般觀光地方的俗氣和繁雜。

● 以金、紅為主色的天滿宮，光彩華麗

太宰府天滿宮更是維護得光彩炫爛，以金、紅為主色的華麗殿堂和鳥居，在茂盛的林木環繞下威嚴又不失典雅。

細心些可以仰頭看看那被認定為重要文化財的正殿屋簷，觀察金碧輝煌的梅花姿態。

那天還巧遇了一場結婚儀式，只是不知道在求學問的地方結婚，是不是有什不同的氣場，或許日後小孩就比較會念書吧。

梅枝餅，日文寫成梅ヶ枝餅或梅が枝餅。

姑且不論梅枝餅的由來，總之來到天滿宮，不吃一個小小的、現烤的、薄皮包著紅豆餡印著梅花圖案的梅枝餅，似乎經驗就不算是完整。一個現烤的梅枝餅大約是105元，只是天滿宮周邊據說有將近40間梅枝餅店鋪，要吃那一間才算是行家呢？

Milly個人以為不用去講究，依當時的情緒定位，可以選一間沒什麼人排隊的店家，或是看哪間最多人排隊，風味應該差異不大。畢竟本來就不是品嚐後會驚艷的美食，有吃過就好。

如果堅持要有想法，那就建議去一間老鋪中的老鋪，而且據稱是太宰府天滿宮唯一會打電話訂購的御用店家（當然未必是天滿宮的職員要吃，而是進行神事時的供奉），創業超過350年的小山田茶屋。

這老鋪的梅枝餅，堅持使用最高級的國產紅豆，而餅皮則是密傳的餅粉。

比起梅枝餅，Milly更在乎的是在這區內

- 正殿屋簷被列為重要文化財
- 在求學問的天滿宮巧遇婚禮

- 薄皮包著紅豆餡的梅枝餅
- 天滿宮周邊有將近40間梅枝餅店鋪

有什麼風味咖啡屋。在完全觀光企圖的地域內，建立不那麼觀光氣息的咖啡屋檔案，是Milly近年的旅行志向之一。

風見鷄

納入太宰府咖啡屋檔案的，是位在參道前端位置的風見鷄，一眼相中，沒多考慮就掀開暖帘進去。

首先那純和風的氣派古雅建築就很吸引人，如果不留意，會以為是高級料亭或旅館，不會聯想是間咖啡屋。

內裝也很有風味，放置各式和風與歐風骨董，可以窺看出經營者的收藏品味。整體空間以大正浪漫來定義是最貼切的。

店內放著不少骨董音樂盒，據說有興趣的話可以要求店員操作一下，聽聽那樂音。本來咖啡屋空間在二樓，一樓是骨董音樂盒店。後來為了體貼年長的常客，把咖啡屋移到一樓，骨董音樂盒店移到一旁建築。

店員服裝也很復古風，置身店內會有回到美好過去般的錯覺。號稱是自家烘焙咖啡，櫃枱後的古典巨型冰滴咖啡器具和一排架式十足的咖啡蒸餾道具，都宣示著這是間很認真的老牌咖啡屋。

Milly點了冰咖啡，風味算是及格，但不能大聲說有多精采就是了。不過這咖啡屋賣的本來就是建築本身的風味，咖啡只要不難喝就好。

建築為江戶後期興建的旅籠（提供食宿的家庭式旅店），是太宰府少數保存下來的町屋。特色是內部的小屋組樑柱

K Y
U S H
U

（支撐屋頂重量的木造結構）和外觀的
「軒唐破風」和「千鳥破風」屋簷（不
同的屋簷造型。軒唐為圓弧型，千鳥為
三角造型）。

九州國立博物館

決意重遊太宰府的另一個動機是，太宰
府一旁有個可以用超長扶手梯直通的搶
眼建築九州國立博物館。
真是讓人稱許的規畫，不破壞天滿宮古
雅歷史風情，同時又以新進手法連結山
頭另一側的博物館。
從太宰府車站走過去大約要10至15分
鐘，但建議在遊覽天滿宮後依著太鼓橋
邊的指示抄近路前往。

順著指示通過寶物殿、文書館、菖浦
池、梅園，然後可以看見那雄偉的扶手
梯入口，一看就知道造價不斐。乘著扶
手梯到達大堂，然後接上精彩的自動隧
道步道。隧道內的光影會依時間不斷變
化，迷離夢幻又科技感。
出了隧道，映入眼簾的正是被森林包圍
的藍色巨型發光建築——九州國立博物
館。

九州國立博物館的票價是460日圓，但
是一開始就沒打算進去，對那以亞洲文
物為主題的展覽區沒興趣，目標只是建
築大師菊竹清訓的設計事務所完成的博
物館建築。想單純從不同角度去看看這
建築的美姿，主觀欣賞，不遵從任何理
論。

● 町屋建築的風見雞，屋簷造型是一大特色
● 店內是大正浪漫氣氛

真的是氣勢雄偉，尤其那天藍天無雲，陽光讓泛著藍色光澤的建築更具魅力。菊竹清訓先生的其他作品還有島根美術館、江戶東京博物館等。

鑑賞過九州國立博物館，不用原路返回，順著博物館另一頭的步道，蜿蜿蜒蜒走個十來分鐘就可以回到西鐵太宰府車站。

● 被森林包圍的巨型藍色建築
　——九州國立博物館

● 菊竹清訓建築事務所的作品

華味鳥

遊覽太宰府後返回福岡市區，大約4點多，三人吃了米咖啡屋的輕便飯糰餐後就分頭去逛街。預計晚上8點半集合，前往天神的華味鳥吃福岡特色美食水煮雞肉鍋。因為是周末又是日本連假期間，所以就只能預約到第二輪的九點。

福岡美食的關鍵字是屋台料理、博多長浜拉麵、明太子、一口煎餃、もつ鍋（內臟韮菜鍋）和水炊き（水煮雞肉鍋）。

一個人很難點雞肉鍋，人數多時就千萬不要放棄吃一鍋熱呼呼、味道清爽口感滑潤的福岡特色火鍋。

日本人來到福岡觀光也一定會吃水炊き。食用程序很講究，於是能吃出地產土雞肉真正美味。

能吃到道地水炊き的老鋪很多，其中以發祥店水月最人氣。

Milly推薦的則是分店很多、內部裝潢乾淨時尚、有個室、多種套餐價位選擇的華味鳥。雖然不是老鋪中的老鋪，但在水炊き排行中還是名列前茅。

博多華味鳥在福岡除本店外還增設了五家分店，前回跟日本友人前去的是中洲本店，這回則選擇了更方便在逛街後前往的天神店。

華味鳥的雞肉來自自家以大豆加海藻天然飼料飼養的土雞，號稱能將自然放養下的雞肉腥味減至最小。

通常單點水炊き在2800日圓上下，因此點水炊き套餐較划算，價錢在3200至5200日圓間。除了熱騰騰湯汁鮮甜的雞

肉火鍋，還可以吃到九州特色前菜、鳥刺身、自製明太子、炸雞塊。

套餐的價位差別取決於前菜樣式、分量、有無甜點等。生雞肉（鳥刺身）一般人會有些怕怕的，但是吃過一次就

上癮的人也不少。雞肉要生吃一定要新鮮又是自家養的精選雞隻才行，否則難免會有腥味，讓人卻步。雞肉下鍋滾燙後，店員在放入其他火鍋料之前會先用「聞香杯」斟入純雞湯，讓客人品嚐和聞香氣。

水煮的雞肉很有咬勁，雞湯更是鮮甜，用這雞湯鍋最後煮出的雜炊粥也是期待之一。而Milly個人最愛的則是那現捏現煮的雞肉丸。

雞肉丸滑潤多汁，沾上特製的柚子酢更是一番好滋味。

D A
  T A
L   I
  S T

● 人多時一定要嚐試的福岡美食，水炊き

● 點套餐較划算

● 鳥刺身一定要用自家養的精選雞

● 用雞湯鍋最後煮出的雜炊粥

太宰府天滿宮
. . . . .
太宰府市宰府4丁目7-1
http://www.dazaifutenmangu.or.jp/

九州國立博物館
. . . . .
太宰府市石坂4-7-2
09:30-17:00
週一休
http://www.kyuhaku.jp/

風見鶏
. . . . .
太宰府市宰府3-1-23
9:00-17:00
無休

華味鳥（天神店）
. . . .
福岡市中央区今泉1-20-2
11:30-14:00；17:00-24:00
新年期間公休
http://www.hanamidori.net/
hanamidori/index.php

K Y
U
S   H
U

計算柳川、太宰府的交通

從博多車站要前往太宰府，首先要去西鐵（西日本鐵道）的天神車站搭電車。
然後在「二日市」轉車。天神到太宰府的票價是390日圓，從太宰府再前去柳川則是650日圓。
西鐵不論是普通車、快速或是特急列車，票價都是一樣的，不用特別費心。

只是，來到福岡的第一個白天，推演路線時在西鐵天神車站（又稱為西鐵福岡車站）的觀光服務台看見了一張太宰府柳川觀光きっぷ的簡介，發現這套票似乎頗好用。於是第二天三人去太宰府前，就毫不遲疑地建議購買那2800日圓的套票，很快地搭上直達柳川的特急列車。

使用這張太宰府柳川觀光きっぷ，首先節省了買票時間，附上的特典也很優惠。
票券內容如下：
　＊西鐵電車往復乘車券（割引）
　ご乘車駅 ⇔ 太宰府駅 ⇔ 柳川駅
　＊川下り乘船券（割引）
　柳川観光開発乘船場～沖端（下船場）

就是說可以順線先去太宰府再去柳川，然後從柳川返回福岡。
相同的，也可以先去柳川，再去太宰府而後返回福岡。使用期限是一日。
簡單說，就是往返太宰府或柳川都只限一次。利用這票券去一些觀光景點，入場可以折價50至150日圓不等。

比較驚喜的是到了西鐵柳川車站後，立刻有工作人員引導排隊，只要手上有這麼一張套票，便可以搭乘專車前往柳川遊船的上船碼頭。（自己走路約要花7到10分）
到達遊船碼頭，原本以為憑套票的話1500日圓的遊船券可以打折，沒想到是可以免費搭乘這「柳川の川下り」（柳川遊川）行程。
遊船費用當然包含在2800日圓內，但因為說明只寫著「割引」（折扣），最後不用付費還是很開心。
遊川行程大約是70分鐘，到了下船處的「沖端」大約兩小時後，憑著這套票還可以搭乘接駁巴士返回西鐵柳川車站。

不過時間不夠，只能去太宰府的話，西鐵也有推出一些像3400日圓的「太宰府和膳き

っぷ」（含名店餐食）、1000日圓的「太宰府散策きっぷ」。

只想去柳川又想吃柳川名物蒸鰻魚飯的話，則可以參考4980日圓的「柳川特盛きっぷ」。

參考的西鐵網站如下：

http://www.nishitetsu.co.jp/train/default.htm

●● 搭西鐵前往太宅府

●● 太宰府柳川觀光套票，遊船行程也免費

kyushutrip3

阿蘇山 一日途中下車之旅

熊本。

9月19日

● あそ1962的最後身影

   ● 宮地是容易忽略的美好散步路徑

● 如此偏遠卻如此美好的雜貨咖啡屋

   ● 悠閒是絕對節奏的田野咖啡屋

● 阿蘇火山、草千里都是人人人

あそ1962的最後身影

9月19日主要的行程是使用JR北九州三日券從福岡前往熊本,搭乘あそ1962觀光列車,展開一日阿蘇山區途中下車之旅。

あそ1962從熊本發車時間是10:12,在終點宮地返回熊本的列車則是於15:37發車。

三人事先預約了從博多往熊本的特急リレーつばめ(中燕號),08:37從福岡出發到達熊本是09:59,如此到達熊本還有充分的時間可以搭上あそ1962。

Milly很開心地搭到盼望已久的特急リレーつばめ典雅風包廂四人座位。以前Milly試圖預約過,可是一個人無法訂包廂。這次沒留意也沒刻意要求,拿到車票按照座位號碼一看,居然是包廂座位,lucky!一路愉快地看著窗外景致,一會兒就到了熊本。

在月台轉車時看見電動牌顯示あそ1962停靠在0A月台,本來以為是還沒確定月台,畢竟0A代號是什麼?很微妙,一下子想起來了。以前搭過別的主題觀光列車,也是在0開頭的月台發車。果然從1號月台經過便當店往裡側走,就看見了0A-0B-0C的方位指示,同時也看見了靠站的あそ1962。

不論是鐵道宅男、當日乘客、未來的鐵道迷候選小朋友,都已經熱烈拍照中。日本的小男生真的幸福,除了電動玩具、遊樂場,還有這麼多有趣列車可以跟著爸爸一起體

驗搭乘，在加強親子關係上這類主題列車可能也是功臣之一。

搭乘話題列車前也可以觀察一下宅男鐵道迷的專注專業！除了很細部地拍照外，還要收音，就是錄下列車發車的啟動聲。

Milly自己號稱是鐵子（女子鐵道迷），專注項目是沿線漫遊、途中下車的樂趣、主題列車的體驗和車身的美感度、風格鑑賞等。

頗喜歡那第一次見面的あそ1962，墨黑色穩重車腰上畫有典雅暗金色蝴蝶結圖案。

あそ1962是木質內裝，60年代列車的復刻版，因此不論是座椅、窗戶、行李棚架或是旋轉電風扇，都是完全的復古風。

順應時代，在販賣部一旁所謂的展望吧檯車廂內還設計了放置自行車的空間。

就是說可以帶著心愛的自行車一起搭乘，到達後騎在視野遼闊的阿蘇山區。

本來あそ1962就是代替2005年停駛的「あそBOY」，於2006年7月開始季節性不定期行駛。全車指定席，也就是說即使是使用九州JR-PASS還是要事先預約座位。

あそ1962在2010年12月26日停駛，算算是Milly搭乘的三個月後。

取代的列車「あそぼーい」（諧音同日文「來玩耍吧」）同樣行駛於「熊本－宮地」間，因此窗外風光還是一樣，可以看見風光明媚的阿蘇五岳。

推測新列車同樣會停靠立野站，畢竟對於鐵道迷來說立野在九州橫斷路線上是相當具代表性的車站。

KYUSHU

專業鐵道迷，除了拍照還要收音

美麗的あそ1962，現在由あそぼーい替代行駛

木質內裝、旋轉電風扇，あそ1962是60年代列車的復刻版

あそ1962在立野站停車，月台上立刻看見小販販售這裡的名物點心，明治懷舊風的ニコニコ饅頭（微笑點心）。

說起這立野駅，Milly可以說是熟到不行，如果翻閱過Milly鐵道三部曲的第一本《超完美！日本鐵道旅遊計畫》，就會知道Milly曾經在這車站轉乘南阿蘇鐵道列車，也在這無人車站耗很久，為了等阿蘇山區的民宿老闆來接人。

印象中前後似乎晃了一個多小時。四、五年後再來到這裡真是一點都沒變，車站旁的雜貨鋪和飲食店也完全是記憶中的模樣。

一個回神，留意到女車掌正帶著部分乘客往一旁山坡走去。

考慮該不該跟上去，怕誤了開車時間，可是一想，連車掌都沒上車，於是就好奇地跟著。幸好有跟上去，因為車掌帶著大家去看立野的鐵道名景點立野橋梁。從置高點俯瞰，暗紅色的立野鐵橋橫跨溪谷上，模樣壯麗，視覺感十足。

不多久從南阿蘇鐵道立野站發車的トロッコ列車會經過這鐵橋，不過跟あそ1962的發車時間太貼近，女車掌急忙領著大家返回，畢竟從車站到鐵橋眺望位置快速行走也要個七、八分鐘。

不過有些鐵道迷繼續留下來，等著拍下トロッコ列車駛過立野橋梁。

許多全家出遊的旅客會在立野下車，轉搭トロッコ列車往終點站高森前進，吹著微風享受一段森林鐵道之旅。Milly因為四年多前已經完成體驗，這次就

KYUSHU

- 立野站是九州橫斷路線上的代表性車站
- 橫跨溪谷的鐵道名景，立野橋梁
- 帶著自行車來騎阿蘇山吧
- 從車窗拍下壯麗的阿蘇五岳

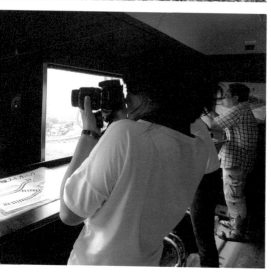

pass。

離開立野後，あそ1962接下來的停靠站還有赤水、內牧、阿蘇、いこいの村、終點站宮地。「熊本─大分」間的鐵道路段，也就是橫斷九州腰部的JR豐肥本線（又被愛稱為阿蘇高原線），原本就是「山列車」路線中極受鐵道迷喜愛的一段。
沿途可以從車窗俯瞰田野，更能遠眺山色雄大壯麗的阿蘇五岳。

原本手上資料不是很充分，不能掌握終點站宮地的觀光點，唯一確定的是計畫去一間接近いこいの村的隱密田野餐廳午餐。
曾經一度想，不如先在いこいの村提前下車，搭乘計程車前往餐廳吃午餐後，再搭計程車回到「阿蘇站」，在阿蘇搭車前往「草千里」等觀光據點遊玩後，再搭乘特急經熊本回福岡。
或是順利的話也可以再搭乘電車前進宮地，順路去阿蘇神社和以舊學校改建的雜貨咖啡屋。

可是，詢問過車掌後發現，いこいの村是無人車站，站前無排班計程車。但是如果Milly三人想請計程車來接，車掌表示可以協助叫車。這類主題觀光列車的女車掌，除了查票，還會導覽沿線風景名勝、幫忙預約火車便當、幫乘客拍紀念寫真、販售周邊紀念品外，更會對乘客的詢問作出適切建議。

在いこいの村下車真的是正確的選擇

嗎？沒多大的把握，更沒把握那田野餐廳有營業。貿然前去卻沒開店，很傷時間也傷預算。於是決定在路上想想。途中巧合地翻閱到車上準備的宮地散步地圖，發現了距離車站不遠的「門前町懷舊街道」和「湧泉」都似乎頗有風情。於是意念一轉，決定還是根據原來行程，在宮地下車。

遊玩了宮地周邊後，再請當地觀光案內所幫忙詢問餐廳狀況，同時在當地計程車行預約一輛計程車，以計程車來遊覽阿蘇山區。

最後能確立這樣行程真是太好了，因為發現宮地真是值得一去，那舊學校改建的雜貨屋、咖啡屋，更是完美到想再次前去。甚至有點質疑，這麼讚的觀光散步路徑為什麼書籍文字著墨得這樣沒表情，讓人險些錯過呢？而那田園餐廳完全符合期待，計程車的阿蘇山區旅程也大滿足。

● 從車站散步前往門前町

● 手工麵包店柑七

宮地是容易忽略的美好散步路徑

在終點站宮地下車，兩位漂亮親切女車掌在月台跟大家話別。
其中一位女車掌長得有些混血模樣，大概是Milly搭乘日本主題列車以來，遇見最甜最幽默的，完全是樂在工作。隔天三人搭乘的湯布院主題列車，一位女車掌從頭到尾臉都臭臭的，完全違反服務業的精神。

從仿造阿蘇神社的宮地車站走到門前町，觀光資料說明是15分鐘。
不過實際走過，發現至少需要20至25分鐘的時間，如果人數多，為了節省時間建議搭乘計程車。
時間充裕的話還是可以慢慢遊晃過去，沿著站前縣道11號線（又稱為やまなみ道路）往前，兩旁雖沒有很多特色店家，但沿途的老房舍、惹人驚艷的屋邊野花和少見的淺藍色斑馬線，還是能讓情緒維持在高揚位置。

遠方可以遠眺山野，偶而在一些個性小店停下或許也有新發現，像是路邊的雜貨屋，或是間小小麵包屋。
Milly推開柑七的木門，由年輕女子掌理的手工麵包屋。
麵包內放入了以阿蘇泉水培育的稻米磨成的米粉，更有完全以米粉製成的培果。
每塊麵包看起來都可愛又可口，猶豫後還是決定買那永遠都是放在第一位置的紅豆麵包，以為紅豆麵包最能顯現樸實的麵包美味。
付帳時瞥見櫃枱前的一籃番茄，一早才摘採下來的番茄看起來鮮豔欲滴，腦子裡浮現著一口咬下鮮甜汁液充滿口中的幸福，於是忍不住買了一個，一個30日圓。
然後在途中轉彎的巷弄內，以第一處水基，學業的泉，來清洗冰鎮那番茄。

來到宮地阿蘇觀光區，主要的遊覽重點有三：
阿蘇神社參拜、門前町懷舊商店街散策，以及所謂的水基めぐり（水基巡禮）。

水基

水基是指有泉水湧出或是飲用泉水的地方。宮地區域按照觀光案內所的散步地圖，一共有22座水基分布在不同角落供路人自由飲用。水基較密集的地方是沿著阿蘇神社參道一路延伸的

「一の宮門前商店街」。每座水基造型不同，含有的「功力」也不同。有的是求學問的**學問の泉**，有的是求長壽的**永壽泉**，有的可以增強金運金脈の泉，另外還有金運の泉、酒杜の泉、文豪の泉……

最重要的是這些泉水清澈甘甜，是從阿蘇山區的雪水融解而來。

阿蘇神社

前往阿蘇神社之前要先搞定午餐。Milly前往觀光案內所，表示想去雜誌上的餐廳，詢問對方是否可以幫忙詢問。
案內所的阿伯人超Nice，不多說就立刻幫忙打電話，確認有營業後Milly更厚臉皮請阿伯幫忙預約（哈）。
一切順利，接下來雖然有觀光地圖，謹慎起見再詢問阿伯附近計程車車行的地址和預計探訪的etu的位置。很開心發現是很順線的。首先到阿蘇神社，然後前往門前町商店街，商店街的尾端是計程車行，從車行走一小段路就是etu。
預計一個小時的散策，時間應該足夠。
只是預約了田野餐廳的午餐，etu的悠閒咖啡時光可能必須放棄。

會不會很奇怪？去阿蘇神社不在阿蘇車站下車，而是要由隔兩站的宮地車站走過去。
宮地的阿蘇神社是日本全國約450間阿蘇神社的總社，意思就是說，阿蘇神社未必是在阿蘇地區。

● 水基散布各角落，功能、造型皆不相同

在少見的橫向參道旁是並列的「一の神殿」和「二の神殿」，在後方還有一座諸神殿。掛著金字的阿蘇神社樓門，據知還是跟鹿島神社、箱崎宮並列為日本三大樓門。

在神社內有「神泉の水」，很多人在排隊接泉水。

Milly當然也不會錯失良機，據說這裡的神泉喝了可以不老長壽，所以不要忘了帶著瓶子裝些泉水。

有趣的是，不論是觀光網頁或是案內所索取的散步地圖，水基めぐり路線規畫和編號都沒將神泉の水納入。或許是因為其他湧泉都由商家認養取名，而神泉の水在神社境內，是由神仙掌管的，不能跟一般的庶民湧泉相提並論。

當地人暱稱阿蘇神社為お宮さん，境內的湧泉為神乃泉。

● 阿蘇神社樓門，日本三大樓門之一

● 宮地的阿蘇神社是日本全
國約450間阿蘇神社的總社

K O Y
U
S H
U

門前町商店街

去過日本旅行的人，大多走過進入神社前的長長參道，像是東京的時尚區表參道其實
也是明治神宮的參道。阿蘇神社參道特別的地方在於參道跟神社平行，而非平常所見
以垂直方向通往神社。

阿蘇神社可以由三個不同方向的鳥居進入，面對神社，左手邊的鳥居靠近宮地小學，
右手邊的鳥居則是通往主要遊覽區門前町商店街。

門前町商店街跟一般的站前連棟水泥建築很不同，像是為了拍懷舊電影而搭出的老街
場景。每家店前設置了湧泉流水的水基，在炎熱的天氣下頗能營造一股清涼鄉野氣
圍。

那天是三連休假日，遊客很多，如果是淡季前來，掛在農舍老屋屋簷的穀物、潺潺的
水流聲、濃厚的綠蔭、石臼上的青苔以及水波上的牆上光影，或許會讓這個地方更像
是被時光遺忘的山野秘境。

每間農舍風情的店家都頗有魅力，Milly在此只是分享幾個自己喜歡的角落。

在這條直線商店街上一共約有14處水基，據說當地居民至今的生活用水都還是依賴這些湧泉。

商店裡的水商品和料理當然也是強調使用自然恩賜的天然水，像是料理旅館つるや的午餐「湧水膳」、產山村以阿蘇水源釀製的酒、古民家旧緒方屋以湧泉調製的「冰滴水出咖啡」等。

同時，水基也取了連結商店特質的有趣名稱。像是銀行支店前就是「金運の泉」，蛋糕屋前是「菓恋水」，文具書店是「文豪の水」。

修理骨董鐘的「みやがわ時計店」前是「竹沢の雫」，名稱太文雅一下子體會不出來，或許該說是水滴落入池中的聲音彷彿骨董鐘的滴答聲吧。

骨董鐘錶屋的老闆很風雅地在店家一旁設立了番傘借出服務。

下雨天只要去店內放一千日圓押金，就可以使用和風油傘來遮雨，下午六點前歸還老闆會退回押金。

商店街上許多商家都有加入一個稱為赤い阿蘇激辛道場的組織，
店內共同特色是提供超辣主題料理。

什麼又是「赤い阿蘇激辛道場」？
原來是商店街的第二代為了振興該區發展組成的組織。

這些二代年輕老闆的第一步戰略，就是共同以超辣料理為話題吸引遊客。

推出象徵阿蘇火山的超辣料理店家，都會掛上「赤い阿蘇激辛道場」標誌。

雖說有些牽強，但可以看出年輕老闆的

* 從阿蘇神社右方可通往門前町商店街
* 門前町商店街的老街風情
* 商店街上的骨董鐘錶屋みやがわ時計

幹勁，也難怪商店街的確是遊人如潮，很有生氣。

話題料理除了鄉土料理、湧泉料理和超辣料理，說到九州的阿蘇地區，馬肉也是特色食材。這裡可以買到「馬肉コロッケ」（馬肉可樂餅），簡稱為馬ロッケ。

除了話題美食，Milly個人很讚賞的空間是商店街中名為東屋（あずまや）的遊客歇息空間。
一眼看去的老農舍建築風情，屋簷垂掛著的玉米、辣椒，屋前放置著農座道具，會以為這是旅館？咖啡屋？餐廳或是情緒雜貨屋？就近一看，那大大的「廁」字布帘和男女WC的指引，才恍然大悟原來這是間公共廁所呢。

旧緒方屋

從鐘錶屋轉彎，古民家旧緒方屋就位在熊本銀行旁，這裡可以喝到水出し湧水珈琲，店旁的湧泉則是「金脈の泉」。

根據資料，旧緒方屋是「林檎のはなは」的附設咖啡屋，而林檎のはなは則是門前町另一間和牛料理店「はなびし」和南小国町的「茶菓房 林檎の樹」合作開的姊妹店。

明明是咖啡屋的湧泉，怎麼取了這麼俗氣的名稱（笑），不過光是看這咖啡屋什麼都賣，似乎也可以符合這名稱。

KYUSHU

- 老闆的風雅義舉，番傘借出
- 商店街第二代老闆們共同想出的吸客策略，超辣主題料理
- 農舍風情的東屋，原來是公廁

（Milly的玩笑話。這湧泉其實是因應一旁銀行而存在，只是剛好在咖啡屋旁。）

咖啡屋除了提供湧水咖啡，也提供咖哩飯等餐食，販售地方名產也賣手工雜貨、話題麵包，店內還有很多雜誌和觀光手冊也兼作觀光導覽服務。

店前排著長長的隊伍都是要買那人氣的油炸咖哩麵包，是人氣點心屋「林檎の樹」與「はなびし」的合作商品。

麵包以天然酵母的麵糰包上加了和牛肉的辣味咖哩餡油炸而成，有以阿蘇火山為造型的三角型和傳統的圓形兩種。

DATALIST

阿蘇神社（總社）
· · · · · · · · ·
熊本県阿蘇市一の宮町宮地3083-1
09:00-16:30
無休

門前町商店街　旧緒方屋
· · · · · · · · ·
熊本県阿蘇市一の宮町宮地3093
09:00-18:00
週三休

KYUSHU

旧緒方屋

油炸咖哩麵包是人氣商品

瀟灑利用計程車

門前町商店街的尾端有計程車行，按照預定去商談約三小時的包車行程。

因為大多時間都是一人旅行，幾乎沒有包車旅遊的經驗，大約就是那次在四國的「四萬十川」，因為前晚喝得小醉，很糟糕地洗掉了還沒存檔的記憶卡。懊惱之下第二天只好在預定行程中擠了抽出一個上午再去一次，沒時間搭乘巴士於是在站前包了輛計程車重遊前日動線。沒記錯的話，那次大約花了7700日圓上下的計程車費。

另外還有在美瑛包車遊覽山丘，和幾年前在大雨天中包車前去阿蘇的葉祥明美術館和草千里等經驗。

一般來說，觀光地區的計程車行會有網站，有制式的觀光動線行程可以參考，價錢則依車子大小和路徑而定。

有些車行若用網路預約還會有八五折至九折間的優惠。日本的公路交通算是貴的，如果同行人數在3到4人間，要到不是那麼方便的區域，搭乘計程車有時會讓行程更有效率，也未必是浪費。

Milly的個人經驗是，只要把計程車也事先列入交通預算，那麼即使日本計程車跳錶的速度有如驚嚇時的心跳率，也可以較瀟灑地利用。

這回要商談的三小時包車行程是兩點從宮地出發，先去預約好的田野餐廳用餐，之後前往草千里，最後前去阿蘇車站搭乘16:40左右的特急列車。

談好的價錢是12000日圓，後來大約看了其他公司的報價大致也是這個價位，一輛小型計程車平均一小時是4000日圓。

車行老闆人很好，還跟看起來脾氣不錯的中年司機說，時間很充裕，還可以從草千里順路去火山口。可惜當天沒能去火山口，辜負了老闆好意。因為遇到三連休，往草千里的路上大塞車，加上在那美味的田野餐廳太悠閒，用餐時間超過預計。

在宮地共有兩間計程車行「一の宮」和「大阿蘇」，Milly一行人運用的是前者。

如此偏遠卻如此美好的雜貨咖啡屋

Milly對於**舊學校改建**這字眼是毫無抗拒力的,只要是廢校改成的美術館、圖書館、咖啡屋、民宿等都很好奇,有機會一定前去。

根據導覽書,對這間位在宮地由廢校改裝成的雜貨咖啡屋etu很是好奇,可是方位不是很清楚,只說明距離宮地車站走路約15分鐘,資料也只是在地圖上點上曖昧的一點。

實際前去會發現原來沿路不是想像中的山野路徑,經過頗好逛的一の宮門前商店街就可以到達。

15分鐘走去?絕對不可能。etu是在商店街尾端,再左轉過去走兩三分鐘的位置上,從宮地車站晃過去,預留個20至30分鐘是較適切的。

同時更重要的是,不妨多留些時間在etu空間。實際前去後Milly個人主觀認定這根本是阿蘇旅遊中的精華點,如果早知道它的魅力,根本會放棄之後的草千里之旅,將整個午後都留給etu。

Etu cafe

一間咖啡屋真有如此的魅力?

不是的。實際前往才知道,在溪水涓流原址是**女子裁縫學校**的小山丘上,除了etu,還有一間同樣是雜貨屋＋咖啡屋的**café Tien Tien**、可以吃流水素麵的結和阿蘇古美術館。腹地左右兩側還有兩個水基,龍命泉和神悅泉。

美術館和咖啡屋各自坐落在林木環繞的山丘上,小徑間自然風貌的花草遍布,清流穿梭其間,空氣裡是悠閒的潺潺流水聲和鳥鳴聲。這樣美好的地方,卻沒太多人去分享,難不成是跟Milly一樣,發現了世外桃源美境只想自己獨占。

但也不要期望太高,真的純粹是Milly個人的絕對偏好,未必符合每人的需求喜好。

或許有人去了會說:「什麼嘛,只是幾棟野草中的破房子,有什麼好大驚小怪的。」

所以請不要去!(笑)似乎可以窺見Milly想藏私的壞心眼。

那天Milly只能停留短短十多分鐘,利用出發至餐廳前的短暫時間貪心地探訪每個角落。

首先是etu,第一印象是比想像中大很多,利用了整棟校舍,是舊雜貨、舊家具、藝廊和咖啡屋的合體空間。

前面也提及了,這裡的建築原本是昭和初期的洋裁學校(1902年建校),店主橋本小

etu原本是昭和初期的女子裁縫學校

除了咖啡也有骨董家具與雜貨

KYUSHU

姐在多年前發現了這座舊校舍,一見鍾情,於是開了這間etu,店名是原本洋裁學校校長的名字。Etu,悅或是悅子?

一走進去,原本的教室走廊上擺放著品味極佳的骨董和古道具,可能因為洋裁學校的背景,還可以看到些骨董縫線、線軸、蕾絲和裁縫道具。

從走廊走進教室空間,又是一番不同風貌。

靠近窗邊是以三組不同花色的舊沙發區隔出來的咖啡屋。

沒有明顯隔間,充分地利用了教室的寬敞和挑高空間,讓自然光線無阻礙照入。雜貨散布在座位和咖啡屋櫃枱之間,隨意而可窺見品味。

完全讚嘆店主的功力,在如此凌亂的配置下,依然營造出如此安穩又舒適的空間。色彩紛亂卻能抓出統一調性,沒有一定的美學修養真是很難做到。

咖啡屋提供以湧泉沖泡的咖啡和手工甜品,不過開店時間有些刁鑽,居然是週六日假日才營業,公休日顯然就是週一到週五。不過也有部份資料顯示除了週三週四公休外,其他時間都營業。安全起見或許真的假日前往較好。

café Tien Tien

一旁別棟校舍內,則是歐風雜貨咖啡屋café Tien Tien。

不同於etu的古物懷舊風貌,Tien Tien的空間較小也較柔和簡約,販售的古物以法國的古工具為主,同時也有些觸感舒

KYUSHU

● café Tien Tien

服的布雜貨。

該說etu玩心較重，Tien Tien則是較為女性化，用餐空間比etu充分，架勢也更有餐廳規模。空間內泛著料理香，偷偷一瞥還發現其中一名店員是年輕高大的金髮老外。真想就這麼坐下來用餐，哈！

料理以「マクロビオティック」（macrobiotique）為主。有機料理？原來是衍生自法文的外來語，意指以玄米、野菜、海藻為主要攝取食物的飲食生活或飲食法。

有個年輕歐洲青年的存在，讓這用餐空間更像是法國鄉間的美好餐廳了。

Tien Tien的營業時間和地址資料跟etu相同，定休日較確定在週三和週四。

かんざらしの店 結

從Tien Tien的石階下去，是古民家風格的涼爽空間かんざらしの店 結。占地寬敞的房舍前方是湧泉池水，池內種植的是Milly從小就熟悉的西洋菜，一種只能在清澈流動的水源生長的水菜。

廣東人或香港人一定會熟悉這蔬菜，在香港甚至有販售所謂的「西洋菜蜜」，以西洋菜去提煉出蜜汁，西洋菜排骨湯則是Milly家的常備湯品之一。

西洋菜（water cress）的日文是クレソン，在湯布院的清流中也有種植，還被拿來做成蛋糕。

在這清涼精采的水池和水井邊，吃一份竹架上以天然泉水流下的素麵，是多麼愜意的事情，據說這房舍是從裁縫學校校長的住家改建。

かんざらしは九州島原名物，一種糯米丸子。就是除了流水素麵，點一份浸泡在清泉中的糯米丸子甜點也是推薦。

● 山泉與竹架上的流水素麵

D A
T A
L
S T

● Etu cafe
· · · · · · · ·
熊本県阿蘇市一の宮町宮地3204
11:00-18:00
建議週六週日前往

● café Tien Tien
· · · · · · · · ·
熊本県阿蘇市一の宮町宮地3204
11:00-18:00
週三、週四休

● かんざらしの店　結
· · · · · · · · · ·
11:00-18:00
週三休

悠閒是絕對節奏的田野咖啡屋

搭上預約的計程車，第一個停靠點是事前預約的餐廳。

其實離宮地不太遠，開車10分鐘上下。

可是如果自己開車在這不熟悉的路徑，或許必須靠導航才行。餐廳的資料顯示是距離JRいこいの村駅走路約20分鐘的地方。

這是客觀＋樂觀的數字，說是20分鐘，實際上大多是25分鐘，通常這樣的資料都會顯示較樂觀的時間，然後必須是不迷路的狀態。

慶幸是搭乘當地計程車前去，畢竟當地司機看了地址大約知道方向。即使這樣，司機在狹窄的住宅區道路還是迷了一下路，才在那外觀也像住家的olmo.coppia店前停下。

olmo.coppia

Olmo是義大利文的欅木，olmo.coppia是兩株欅木的意味。

這間以自然食、有機歐風料理為主題的田野餐廳，很悠閒地被自家菜園環繞，位在兩株高大欅木旁。

● 由150年倉庫改建的田野餐廳，值得專程

建築是江戶末期至今約150年歷史的倉庫，也有一說是這座歷史木造倉庫是被移到現址再經過改建。

餐廳的自我介紹是畑（農田）+ caffe + organic + 蔵（倉庫）。餐廳用自家種植的新鮮蔬果，調理出對身心都健康的歐風料理。其實也沒那麼歐風，該說是很溫柔的家庭料理。咖啡用有機栽培豆，果汁也以契約農園栽種的有機水果調製。

下午5點以前都可以點午餐（晚餐則是完全預約制），這就是我們兩點多來一樣可以用餐的原因。是一間不用太多形容詞和定義去推薦，光是用圖片就可以完全吸引人的美好田野餐廳。

值得迷路，值得專程，值得花比餐點更貴的計程車資前往的情緒咖啡屋。

Milly真的是一下車就被那大樹樹蔭下如鄉村旅店般的木屋外觀給完全吸引，無條件主觀決定了這是一間自己會喜歡的咖啡屋。尤其那木屋牆面上開的一扇扇小窗，更是大大喜歡。如果能擁有這樣一個家，似乎值得放棄其他一切。

建築是和風老倉庫改建，內部卻是頗為歐風。像是正中央燒柴火的暖爐、木地板、裝飾的花朵、座椅坐墊的花色和空間中飄散的爵士樂。

還是可以從那隔出樓中樓空間的高天井、具年份感的氣派木樑、粉牆，窺看出原來建築的模樣。

因為連休又是風評很好的餐廳，即使早過了正常用餐時間，店內還是滿座狀態，那最美好的面向田野可以遠眺山脈的窗邊位置，就自然不能奢求。

還是慶幸有事先預約，後來很多人開車

前來就必須等位了，預約的是包廂座，可以坐入兩組各四人的客人。

Milly點的是1260日圓「畑の野菜ワンプレートセット」（田野野菜套餐），基本上是沒有肉的，主食是油炸的「麩」。

即使這樣，超級肉食主義每餐無肉不歡的Milly還是大大讚嘆那美味。南瓜湯濃郁鮮甜，各式青菜也調理精彩。吃得出野菜的新鮮度和原味，同時能在美味上得到滿足。

友人兩人則都是點了海鮮義大利麵套餐，附上沙拉和蔬菜前菜，三人各自點了咖啡和純檸檬汁蘇打。

要來這美好的田野咖啡屋要有一個心理準備，就是不要急。

真的是很悠閒的店家，一個年輕女子負責外場，廚房則是一個中年女子在調理食物。

現場觀察，從點餐到上菜大約要20分上下，隔壁桌一家四口更是用餐後都已經開始睡午覺了，大約20分鐘後蛋糕才端上，似乎是附餐蛋糕不夠，趕忙去追加的關係。這裡的麵包和甜點都是隔壁的夢屋麵包屋提供的。

Milly一行人點餐時，有預先委婉請求盡可能快些，因為行程有些趕。

結果還是在這餐花了將近50分鐘的時間，後來更發現我們的結帳單上還畫了一個圈，寫上了急字，真是有些對不起這悠閒的咖啡屋。

是一個可以讓人很舒適的空間，即使因此耽誤了行程也沒急躁，還是能以悠閒步調享用餐廳給予的美好。

店內擺放了些可以購入的布雜貨木雜貨，也放了周邊相關活動的資料。

不論是店內氣氛和餐點，水準都很高，真的很難想像這樣一個鄉下地方，可以有這樣美好的存在。

- 田野野菜套餐，主食是油炸烤麩
- 海鮮義大利麵套餐
- 悠閒的咖啡屋，店家卻為了Milly寫上「急」字

D A T A L I S T

olmo.coppia
熊本県阿蘇市蔵原627-1
11:30-17:00
週二公休
http://olmo-coppia.com

● 田野餐廳olmo.coppia

KYUSHU

阿蘇火山、草千里都是人人人

在田野餐廳用完餐,叫醒在車上睡得正舒服的計程車司機,開始阿蘇山區兜風之旅。
前往火山口的路上,藍天下沿途自然景致遼闊,氣氛上也有點小小奢華的感覺,畢竟是包了車有專用司機開車兜風呢。
道路蜿蜒在視野無際的高山道路,一面可以俯瞰山下平原,一面則是壯麗山色,還不時可以看見那像是飯碗倒過來放置的米塚火山丘。
剛進入山區道路時很順暢,偶然跟前方來車和重機車隊迎面而過。在漸漸接近草千里和火山口時,車輛一下子多了起來,甚至出現塞車。
於是Milly當場判斷在停車觀賞火山遠景後,就放棄繼續往車潮最多的火山口,請司機倒車前去草千里。

草千里全名是草千里ヶ浜,有「浜」字,是因為草原在夏天雨水充沛的時候,雨水會蓄積成湖。
可是到了草千里才真是被嚇到,整個草千里草原上都是人人人和馬馬馬,大家都在草千里的草地上騎馬。
完全失去大自然景觀的自在餘裕,簡直就是大型草原騎馬樂園。
而且在火山博物館前停滿了大型巴士和轎車,計程車連停車空間都沒有。
只能快速停車,拍照!快速上車(因為已經堵住後面的車),離開!
跟多年前Milly在雨天前來,草千里上一個人都沒有,只有牛和牛糞的蒼涼景象落差也太大了。
後來還是要求司機在高台暫時停車,這裡可以眺望草千里、烏帽子岳和噴煙的阿蘇中岳第一火口,感染一下大自然的氣勢,不過由上往下看那人潮洶湧的畫面還是很驚人。
似乎真要能充分體會大自然的素顏,還是要避開這樣的日本連休才好。
不過,還是充份體會到了租車旅遊阿蘇山才是正道,很多日文的導覽書都會附上開車地圖,更會推薦沿路的絕景スポット(絕景點)。

之前搭乘九州橫斷バス(九州橫越巴士),從車窗看出去的風景的確也很有震撼感,可是理所當然不能任性地請司機停車。自己開車的話自由度較高,只是山區開車除非是老手還是要多考慮。

- 展開阿蘇山區兜風之旅
- 米塚火山丘，形狀像飯碗倒放
- 草千里草原上都是人人人和馬馬馬

除了一天約四班的橫越巴士，近年來還可以運用JR系統的巴士「あそゆふ高原バス」（阿蘇由布高原巴士）。
使用條件是手上有張當日從他地來到別府或由布院、阿蘇的JR車票（搭乘須另付1000至3000日圓不等的巴士車費）。
巴士以循環線方向前進，沿途會停靠幾個重要觀光點像由布院、黑川溫泉、草千里，詳情可以上JR九州網站查詢。
http://www.jrkyushu.co.jp/tabi/yamanami/index.jsp

擔心會困在車陣中，於是提早下山，提早到了有個大大英文站名「ASO STATION」的阿蘇車站。還有時間於是到了一旁的道の駅阿蘇買了阿蘇牧場牛奶特製的優格冰淇淋，道の駅阿蘇還頗好逛，除了可以買到周邊農家牧場的乳製品、農產品，也有榻榻米大的休息區，可以邊看電視邊等列車到達。

從阿蘇車站要返回熊本的特急不多，一天大約四班。例如錯過了16:41的班次，下一班就是19:43，而且還是最後一班，要特別留意。當然如果不是返回熊本，再順線去別府也是一種路徑安排。

KYUSHU

● 阿蘇車站

● 在一旁的「道の駅阿蘇」買了牧場自製的優格冰淇淋

kyushutrip**4**

大人的休日在湯布院

大分。

9月20日

- ● 森林色的度假列車
- ● 湯布院的悠哉散策
- ○ 啟動大人的直感抉擇
- ● 午餐關鍵字是豐後牛
- ● 第三回的天井棧敷

森林色的度假列車

今天可以晚些起床，因為要搭乘的是9:16前往湯布院的特急ゆふいんの森1号。
吃過早餐悠閒前去就好，住在車站邊的旅館就是這點好處。
特急ゆふいんの森（特急湯布院之森）是開往湯布院的度假風話題列車，原本是1989
年3月開始不定期行駛的臨時特急列車。
因為大人氣加上乘客量穩定，於是在1992年開始成為每天固定的特急列車。

進一步來說，從博多出發往返湯布院的特急是以「ゆふ」、「ゆふDX」和「ゆふいん
の森」三種列車來編排時刻表。（註：ゆふDX在2011年1月10日已停止運行）
要搭乘旅遊氣氛較濃的ゆふいんの森，一定要在出發前確認時刻表。因為是全車指定
席，搭乘前即使有JR PASS還是要預先劃位。
Milly是9月20日搭乘，雖是週一但遇到三連休，所以有9:16這班列車，是原本只在週六
日和假日運行的班次。
如果是平日，第一班前往由布院的列車是每日運行的10:17發車的特急ゆふいんの森3
号。

總之要在日本個人旅行，第一步就是要在網路上查看時刻表，可以更精準掌握行程，也能搭乘到有趣的「臨時列車」或是避開「臨時運休」的狀況。Milly個人愛用的全國JR、私鐵時刻查詢系統是「えきからの時刻表」。
http://www.ekikara.jp/top.htm

ゆふいんの森全車身是宛如森林的墨綠色，那暗金色的典雅logo、車頭寬廣的展望窗、車廂的木地板和像棧橋般的連接步道，都讓Milly偏愛，一直將這列車放在最喜歡的主題列車的位置。
目前它還沒被取代，至少在車體感覺上，總分數還是第一。
但是難免有些光彩褪色的感覺，是新鮮感沒了，比起第一次搭乘時的驚艷。
算起來是第三次或是第四次搭乘這列車了，不同的是這次是三人預約，因此可以很開心地坐到四人包廂座。
對了！另一個不同的體驗是，這次搭乘遇到的女車掌，該是這類觀光主題列車臉最臭的車掌。全程幾乎都是一張臭臉，像是全車都欠她人情一樣（笑）。

依然是郊遊旅行的好天氣，車窗外的景致還是讓人心情持續在輕飄飄的狀態。

開往湯布院的特急ゆふいんの森，依然是心中主題列車的第一名

這次幸運坐到四人包廂

湯布院的悠哉散策

湯布院？由布院？似乎海外遊客較習慣稱湯布院，當地人則多稱之為由布院。
（ゆふいんの森停靠的車站寫著由布院。但為了不混淆，Milly之後都通稱湯布院車站。）
本來就有感覺湯布院漸漸不一樣了，比起十多年前第一次來到。
甚至早有預感湯布院會像北海道的美瑛山丘、富良野，淪陷於亞洲各地的觀光客，失去了原來吸引人的悠然風貌，成為以觀光收入為首的俗氣觀光地。
說有預感，但真沒想到來得這麼快，此次去湯布院，最難過的就是發現大型觀光巴士進駐區內，步行其間已經很難悠閒和安穩，路徑上都是人潮甚至有時還要閃車。
大量觀光客來到湯布院的確帶來商機也振興了經濟，一掃前兩三年在不景氣影響下湯布院隱約出現的沒落前兆。
很多團體客並不是來此度假，湯布院不過是下車一小時的匆匆景點。
原本就不寬敞的街道擠滿人潮，難免讓人煩躁，湯布院重生規畫時堅持的溫泉度假村風貌不再。
目前還沒出現大型連鎖店，一旦連全國性的連鎖店都進駐，那湯布院獨特的優點就會徹底毀滅，只能期望這情況不要出現。

這次的湯布院以大人的休日為主題，所以不是從福岡當日往返，而是住宿當地的溫泉旅館。步調較充裕，不安排過多的行程，在預算上也小奢華些。
如果能住宿在湯布院御三家（某領域的頭三名）的「玉の湯」、「龜の井」、「無量塔」自然是最完美，但住宿費真的太高，一個人約要3至5萬日圓。
權宜之計是改預約第二選擇，號稱湯布院新御三家之一的月燈庵（另外兩間為「二本の葦束」、「わらび野」）。
月燈庵位在距湯布院車站車程七分鐘的湯平，山林腹地約一萬坪，房間分布在18棟獨棟房舍中。
三人住宿的情況，一泊兩食是69000日圓。
選擇原因是因為旅館完全隱蔽在山林之中，偏離站前的觀光地帶，可以藉此體會一下湯布院的自然原貌。至於那憧憬的御三家就依狀況以「間接消費」的形式來體驗。

依計畫11:30左右到達湯布院車站，先將簡便的隨身行李放入置物櫃。大行李都先寄放在隔日要住宿的福岡站前旅館，讓行動更輕巧些。
向月燈庵預約了站前四點半的接送，因此大約有四小時的湯布院散策時間。

手上有些資料，但沒有一定要去的店家，看狀況找間餐廳用午餐，然後再去咖啡屋小歇。其他時間就自由活動，買買紀念品或伴手禮。唯一的堅持是盡可能避開人潮，在可以的範圍內。

因此計畫除了站前必經的站前商店街外，進入「湯の坪街道區」不久就改走捷徑小路至「由布院美術館」，然後右轉繞到大分川邊，避開觀光氣圍。
而後沿著川邊一路前進金鱗湖，再依狀況適時繞回湯の坪街道。

出了車站後，沿著商店街走著。沿路指標還算清楚，即使不清楚，跟著人潮走就絕對不會錯。更小心起見，還是在站內拿張區域地圖最好。

才開始行走，就發現一些店家都用韓語招呼客人，許多店內也附有韓語說明，再次映證了湯布院正在努力爭取韓國人的觀光收入，這點從ゆふいんの森列車中有三分之二的乘客都是韓國人便可窺知。
之後很哀怨地發現當初喜愛的小巧「ゆふふ」蛋糕布丁店已經擴大店面，現在完全是大型名產店的氣勢了，從小女孩變成暴發戶。
討厭！不想見到這樣的妳啊……

● 湯布院車站

● 湯布院散策

K O Y
S H

TAKAKURA

還好，走了一小段又看見了以前沒看過
的可愛咖啡屋TAKAKURA，是花店＋雜
貨＋咖啡＋展覽＋有機甜甜圈的空間，
以白色為基調，店內不大，精巧地包容
了以上各種生活情緒元素。

正確來講應該是分為三個主題空間
TAKAKURA、花藝教室、甜甜圈店。
TAKAKURA是花店兼雜貨屋，一旁是開
放的花藝教室，然後是面向街道的健康
大豆甜甜圈店。

雖說是三個主題，空間沒有明顯的區
隔。甜甜圈附設的咖啡屋空間則稱為
OYATU CAFE（小點心咖啡）。

希望下次再來到湯布院，這可愛的清新
的小小緩慢空間不要又變質了。

B-speak

離開TAKAKURA，往前走過了橋，在三
角交叉位置上就是湯布院的絕對代表蛋
糕屋B-speak。

看到店前看見沒人排隊先不要慶幸，不
是運氣太好，多半是第一回出爐時間已
過，必須預約幾小時後的下一輪。

不過Milly以為這多少是策略，如果誰都
能容易買到，就不會那麼非要不可了。
在這店內順利買到單片Pロール蛋糕捲
的機會不大，多數時候限定要購買完整
一條。

吃不到還是有些遺憾。Pロール的其他
品嚐方式是前往由布院美術館附設咖啡

K Y
S H

● 這次的新發現，TAKAKURA

● 小點心咖啡屋

屋B-speak Cafe，以PロールSET方式點餐；或是在無量塔的附設咖啡屋，每日限量50個Pロール。

為什麼在無量塔可以吃到Pロール？原來B-speak正是由無量塔企劃經營的蛋糕店。

這次很遺憾地發現B-speak Cafe已經無限期休業。記得第一次來到湯布院原本只是想從這附設的咖啡屋看美術館風景，誤打誤撞完成了Pロール初體驗，不過當時真沒想到這Pロール日後會這麼搶手。

記憶中的B-speak Cafe消失了，自然是失落。但更讓人落寞的是，跟由布院美術館記憶相連，那隻寄居美術館的貓咪とら也在兩年前變成天使了。

跟周邊商品店的店員詢問時，先是知道咖啡屋關了，再問到「貓咪呢？」店員還很謹慎地請美術館工作人員出來告知

Milly這不幸的消息。

即使とら不在了，但每當Milly想起由布院美術館，一定還是有著とら在美術館前曬太陽的身影。

DATA LIST

● **TAKAKURA**
由布市湯布院町川上3056-13
09:00-19:00
年初休
http://www.nico-shop.jp/t_map.html

● **B-speak**
由布市湯布院町川上3040-2
10:00-17:00
一年兩次不定休

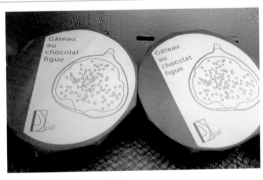

● 湯布院的絕對代表蛋糕屋

KYUSHU

啟動大人的直感抉擇

人氣觀光地湯布院的店家之多容易讓人眼花撩亂。在眾多消費選擇中用直覺、緣分，或先看了資料再前往都好，這樣去邂逅，留下美好回憶，不就是旅遊的樂趣之一。
Milly畢竟不是第一次來湯布院，自然會有些堅持和迴避。
但是同行友人初來乍到，折衷辦法就是小歇、用餐時集體行動。購物時各自逛自己喜歡的店。
這樣的節奏下，接下來的路徑分享也就分為「小歇、用餐」和「遊晃消費」兩部分。

離開B-speak從一旁的小路向前就可以走到湯の坪街道，街道最前端有間Milly總會進去瞧瞧的雜貨屋fufu。
原本店裡有寄賣好吃的酵母麵包，但現在這樣的溫馨小服務似乎停止了。好在店前那株橄欖樹表情依然清新，裡面的雜貨和服飾小物品味也不錯，還是值得一逛。

● 雜貨屋fufu，Milly
經過總會進去瞧瞧

然後從雜貨屋一旁的巷道依照指示牌抄近路前去位在大分川邊的由布院美術館。（大約位置是中央兒童公園旁的小路）

美術館可看心情選擇要不要進去，無論如何，一旁的周邊商品店還是可以逛逛，選一份留給自己或是朋友的小物。
旅行上買小物，是很美好的事情。
在物色一件件物品時，想著對方的臉，判斷對方的喜好，有時摻點心機，有時帶些惡作劇。接受的那方會不會察覺或看見那心情倒也不重要，畢竟在旅行當下已經充分滿足了。

喫茶kotokotoya

那天下著間歇的微雨，離開美術館時雨勢大了起來，於是進去館旁面向川邊直覺以為不錯的咖啡屋躲雨兼小歇。

是手工果醬店ことことや的附設咖啡屋，果醬專門店位在湯の坪街道前端，距離B-speak很近，在大分銀行旁。咖啡屋名為喫茶kotokotoya，店內也有果醬販售空間。

前幾回前來都沒遇見，還以為是新店家，卻看見Menu上since 1986的字樣，詢問下才知道店家今年重新翻修，以全新模樣延續那對手工果醬的絕對講究。
店內也提供各式各樣的果醬試吃，Menu上不只有果醬和麵包，還有各種精緻糕點和飲料可以選擇。

● kotokotoya，店內有手工果醬
● 毫不猶豫點了季節限定的桃子冰沙

D A
T A
A T
L I
L S
L I T

● **喫茶kotokotoya**

由布市湯布院町大字川上
3000-1
10:00-18:00
週二休
http://www.kotokotoya.com

Milly看見季節限定的桃子冰沙，毫不猶豫就點了。

多年前在湯布院的天井棧敷擁有桃子果汁的美味記憶，很想再嚐一回もも滋味。送上來的粉紅色桃子冰沙果然可愛，風味也絕佳，不愧是風味果醬專賣店。

是間可以放入檔案的咖啡屋，不單飲品和甜點美味，更重要的是座落位置極好，咖啡屋窗邊可以看見豐饒的綠意，店內裝潢更是典雅品味。

推門第一眼可以看見調理櫃枱被漆黑木柱環繞，非常有風味，也可窺看到屋子的歷史年份。

活用木梁的老屋風情，再以精準計算加入現代的洒落元素，讓空間整體呈現大人的成熟氣圍。

更別說一眼看去就知道是專家等級的音響，以低調的類似細語般的音量播放著悠美的交響樂曲。是跟大人的休日意念完全符合的沉穩風情咖啡屋。

不由得讓人幻想當冬日下雪的日子，那屋角火爐點起柴火時，該是讓人多麼渴望的美好。

不過是小小偏離煩躁人潮，就能擁有如此的悠然空間，或許是依然不能放棄湯布院的理由吧。

● 喫茶kotokotoya

午餐關鍵字是豐後牛

那天午餐選擇的是擁有大片奢侈草坪，從露臺座位可以遠眺由布岳的鞠智。其實在用餐之前發生了一個小失誤。

出國之前已經找到這間新設的鞠智，看起來價位合理又風評不錯，以地產地消為概念供應湯布院地方食材。

可能是遊晃太過悠閒，沒留意原來那距離ことこと也不過一分多鐘腳程、出於好奇看一眼就進去的複合式美食主題商店正是鞠智，沒看到到一旁的餐廳，只見到旁邊的飯糰外帶餐盒很有新鮮感，於是建議友人不如就以小小的風味飯糰來野餐，反正晚上的溫泉旅館一定是豐盛大餐。

可是才結帳走出來，就看見禮品店旁的餐廳店外推薦的豐後牛便當套餐，不就是計畫中想要吃的美食！

於是又商量不如保留飯糰當做消夜，還是進去餐廳吃飯如何？真是任性的Milly呢。

鞠智

進了木造風格的鞠智，點了1400日圓賣相精緻的湯布院牛弁。

打開長方形的便當木盒，有著分量算充分的豐後牛肉片以及以當地食材料裡的配菜。在湯布院吃午餐能吃到特產豐後牛是一個小堅持，不論是像這樣的牛肉蓋飯便當或是之前在Restaurant＆Bar

Lalcool吃到的豐後牛排蛋包飯，甚或是以豐後碎牛肉簡單料理的馬鈴薯牛肉餅。

用餐空間寬敞舒適，天井很高，選擇的窗邊位置也能看見秀麗的由布岳。
餐廳大概分為咖啡屋、露臺座、糕點區，以及飯糰外帶區。
這個飯糰外賣區，不但可以買到以湯布院當地食材料理的各式風味飯糰，也有店家特選的飯糰加配菜野餐餐盒。
在餐廳吃到的湯布院牛弁當，提前預約或是等些時間同樣可以購入。
糕點區則可以購買典型湯布院特色的果醬或糕點。

餐廳位在喧鬧的湯の坪街道，人潮必是洶湧。但是那古意的藏造型建築、周邊的意境園藝和那奢侈的草地空間，都讓這本來很商業的消費空間，多了些刻意保留下的悠然。

- 外帶風味飯糰，決定留著做消夜
- 如願吃到豐後牛便當套餐
- 鞠智擁有奢侈的草地空間，可以遠眺由布岳

D　　A

T　　A

L　　I

　　S　T

● 鞠智

由布市湯布院町川上3001-1
9:00-17:00　無休
http://www.cucuchi-yufuin.com

第三回的天井棧敷

湯布院的咖啡屋選項眾多，啟動體內咖啡屋篩選機制選出的包括：看了資料後很好奇又可以吃到現烤スフレ（舒芙蕾）的Café Due、位在金鱗湖畔每回都擦身而過的露天咖啡座café LaRuche、位在旅館龜の井內，多年來都占據著Milly湯布院最愛咖啡屋第一位置的天井棧敷。

首先被淘汰的是Café Due，因為在往金鱗湖的路上就被喫茶kotokotoya臨時插隊誘拐。接著來到了湖畔的café LaRuche，果然還是滿座狀態。室內桌位好等，可是面向湖水絕景的特等席露天座卻要排隊等待。

本來也列入等待名單，腦海中早已浮現那倒入特製方型玻璃杯內的冰調咖啡模樣。可是看露天座的客人都一派悠然，短時間似乎沒有讓位的意思，預約等位的名單很長，更加上有些動搖怎麼都還想去那最愛的天井棧敷。

● 天井棧敷，多年來占據著Milly湯布院最愛咖啡屋的位置

真的很難割捨，雖說已經去過兩次，但天井棧敷幾乎是Milly對於湯布院美好印象的濃縮，甚至以為如果沒有這咖啡屋，可能早已放棄湯布院，很想重溫那幸福感。

更重要的是，想再次挑戰看看這次可不可以佔據到前兩回沒能如願的窗邊座位。於是又任性地跟友人商量：「不如還是去天井棧敷吧！」任性導遊這麼說了，同行的兩人也只好應從。

天井棧敷

久違的天井棧敷前方庭園依然是如此美麗，該說是比印象中更美麗。

滿園的楓葉是轉紅前夕的濃綠，更別說上午剛受到陣陣微雨的滋潤，微風下的躍動表情豐富。

楓葉下的情緒角落，石臼水槽邊看似隨性卻是精準放置的枝葉和石榴，更是展現動人風情。不能住在憧憬的龜の井，卻能這樣分享這旅店長年經營的風雅，都要感謝老鋪旅館特有的氣度。

龜の井的前身是某實業家的別莊，之後在保持原貌的前提下規畫了現在的旅館空間「龜の井別莊」。住宿空間被巧妙區隔在茅草屋後，可以提供一般遊客使用的空間則是咖啡屋「天井棧敷」、販售湯布院名產和旅館創意獨賣商品的「鍵屋」以及可以享用午餐的「湯の岳庵」。

天井棧敷位在鍵屋的二樓，建築本來似乎是酒造屋，改建後的咖啡屋空間是以「珈琲・果汁・音楽・読書」來寵愛客人。

屋簷下泛著漆黑光澤的梁柱敘說著建築的過去故事，而那半圓的靠窗木桌原來是從酒槽底部切割而成。

更有趣的是這回才留意到，這氣質優雅的咖啡屋到了晚上居然會變身，從泛著咖啡香氣的咖啡屋轉變成燈光搖曳的BAR山貓，兩者的分界點只是一個小時的空隙。

茶屋天井棧敷在18:00鐘響時關店，一個小時後，從19:00-24:00就變成了BAR山貓。

人在湯布院的大人氣咖啡屋，早有心理準備要排隊進入，果然前去時是理所當然的滿座，約等了30分鐘才入座。

本來被帶到沒什麼表情的中央座位，好在坐下不久窗邊一組客人離開，於是立刻厚顏地跟有些年紀的女店員商量。沒被拒絕，於是終於完成了多年的念願，坐上了那可以看見滿窗楓葉的白沙發加半圓大木桌的窗邊位置。

真是陶醉在那一眼望去的楓葉景緻，要是在滿園楓葉的艷紅斑斕季節前來，從這窗邊

看去該是多麼迷醉。

可是楓紅是湯布院最喧鬧的旺季，占據窗邊的難度勢必更高。

Milly第一次前來天井棧敷是待在樓中樓書齋位置「ひっそり棧敷」（寧靜棧敷），這位置很有意思，因為樓梯陡峭，店員要端飲料上去很驚險，於是設了很風味的木造台車在下方，當餐點備好店員會放在台車然後搖搖鈴聲，客人就要自己拉繩索把台車拉上去，記得第一次點的是自家烘焙綜合咖啡。

第二回也是一個人，被安排在裡側的大木圓桌，圓桌旁是古典有扶手的白布套沙發，那回是夏日，點的是限量的桃子果汁。
這回前去大圓桌不見了，壁爐前改成現代風的皮製沙發。
這次依然點了熱棧敷咖啡，甜點很猶豫，是該點那模仿布岳模樣的全白「モン・ユフ」（Mont YUFU，奶油乳酪），還是點那色澤浪漫的林檎コンポ（紅酒煮蘋果）。
猶豫後還是點了似乎沒那麼甜膩的林檎コンポ。
酒紅色的酒煮蘋果，放在海藍色的容器，瓷器上以鮮奶油畫上一道白波紋，絕佳的美學。實際入口倒沒有多震撼的美味，可是這甜點呈現的姿態實在太美麗，簡直只能以作品來定義，不單單只是食品。

據說以美味度來說，那純白小山狀的モン・ユフ是壓倒性好評，重味覺的人或

● 氣質咖啡屋，晚上會變身成BAR山貓

許可以選擇這以白砂糖、起司、鮮奶油微妙平衡的美味甜點。

窗外是自然美景、屋內流洩的是讓人沉靜的歐風聖樂，空間是讓人放鬆的悠然。
只是逼近旅館接人時間，只好依依不捨離開，留下日後再來的緣份託付。
下一回來到湯布院，猶豫後應該還是會選擇天井棧敷。那時該是怎樣的天氣？可以占據怎樣的角落？心中想的人會是誰呢？

D A
T A
L I
T

🔘 天井棧敷
★ ★ ★ ★
由布市湯布院町川上2633-1
亀の井別荘
9:00-18:00
無休

🔘🔘 第一次前來時坐在樓中樓齋，
　　客人要自己拉上台車中的餐點

🔘 第三次前來，終於占據到醉人
　　的窗邊位置

🔘🔘 酒煮蘋果放在海藍色容器，再
　　畫上一道鮮奶油，絕佳美學

K Y
O U
S H
U

kyushutrip**5**

山野中的月燈庵和無量塔憧憬消費路徑

大分。

9月20-21日

小倉

門司港

湯布院

佐世保

● 金鱗湖的表情

● Milly是視覺系旅人

因為月燈庵位在山林間

● 無量塔消費憧憬中

● 門司港的烤咖哩飯、香蕉和啤酒

金鱗湖的表情

用相機捕捉金鱗湖的模樣，畢竟沒了金鱗湖又怎能完整一個湯布院印象。

為什麼稱作金鱗湖呢？原來是湖面在夕陽照射下會呈現點點金色閃光，彷彿金色的魚鱗片一般。

照片是無聲的，Milly也偏愛無聲的影像。

尤其當環境很喧鬧時總愛迴避現實，呈現自己心中那非現實的理想模樣。

實際上，金鱗湖畔是很喧嘩的。

湖水本身沒有選擇的權利，大家都是不打聲招呼就這樣闖進來。

恣意地拍照、喧鬧。

據說最美麗的，真正素顏的金鱗湖，是在早晨。

尤其是冬日。

因為溫泉和大分川的溪水同時注入，加上清晨的冷空氣，於是早晨在寧靜中湖面會漂浮著一層迷離夢境般的霧氣，如入仙境。要體驗這樣的風景，看來只能選擇住在周邊的旅館。

當然楓紅時節也是無敵美景。

夏季也好。雨水豐富，湖水自然會看起來有氣勢得多。

冬季乾旱，一旁林木枯黃湖水也乾枯著，多少有些狼狽模樣。

 ● 金鱗湖

Milly是視覺系旅人

● 豆吉本鋪

有視覺系歌手，應該也有視覺系旅人，至少Milly自認是其一。

旅行中散步中，視線總是流轉搜尋著那讓自己愉悅的角落。

發現美好角落，建築間的一角藍天也好、路邊一叢自在生長的野花也好、樹梢降下的光束也好，這些一瞬間邂逅的景象，說是帶來Milly旅行中最大的愉悅也不為過。

是固執不變的旅行態度，以為視覺要先滿足了人才能滿足。

給了「為什麼總是去不膩日本」這個問句一個答案。美學的定義沒有絕對答案，但是日本的美學似乎跟Milly的波長是一致。

暫時脫隊，一個人在湯の坪街道遊晃，先是看見了老倉庫改建的豆菓子屋「豆吉本鋪」。建築滿足了視覺，引起好奇。

真是有心機呢，試吃的豆子也排列得這樣美。各種顏色各式口味的豆菓子，排列在格子架上的純白磁盤中，以鏡頭取下一角畫面就彷彿一頁平面豆子廣告。

之後在旁邊察覺了容易被急躁觀光客遺忘的角落。從小路繞進去看見攀滿植物的牆上，掛著寫上工房、咖啡屋、雜貨屋字樣的木製指示牌，更精彩的演出還有利用不起眼的鋁罐、水壺、野花妝點而成的指甲美容店廣告牌。

然後走到那熟悉的木頭雜貨、食器專賣店「クラフト館蜂の巣」，才在心裡嘀咕：
「這裡的布置太混亂，木製品的價位又太貴。」一抬頭看到那以木框和玻璃交織的寬
闊蜂巢天井模樣，在天空和雲朵的襯托下是如此耀眼動人。
之後查看資料，才發現又名為月點波心的建築大有來頭，設計者是黑川哲郎。
浪漫的建築名稱原來是引自白居易的詩句「月點波心一顆珠」。設計者將這建築比喻
為一顆如圓月般的明珠，把金鱗湖比擬為西湖，於是衍生出這非常浪漫的名字。
沒想到一個抬頭，對同樣一棟建築的視點就完全不同了。

逛膩了湯の坪街道，於是轉入大分川邊，突然瞥見在川流另一端讓人眼睛一亮的歐風
角落，發現原來是糕點店ナインブラウン（NINE BROWN），販售著手工巧克力、年
輪蛋糕和馬卡龍。
有趣的是糕點店的正面表情普通，可是面向著川岸的側面彷彿繪本中的歐風森林小屋。
這樣一路視覺大滿足，心情愉悅一路走回湯布院車站剛好趕上溫泉旅店接客的時間。

K　Y
U
S　　H

● クラフト館蜂の巣，
　　又名月點波心

●● NINE BROWN彷彿繪
　　本中的歐風森林小屋

因為月燈庵位在山林間

月燈庵於2002年開始營業，不算是老舖旅館。位在山林中央（所謂的奧由布），母屋（Lobby和用餐空間）建築是從山梨縣移建過來擁有300年以上歷史的古民家。

旅店自豪的料理附上了湯布院名物豐後牛，大浴場的露天溫泉可以眺望由布岳。位在山林間沒有光害，好天氣時可以看見滿天星斗。談話室裡有壁爐，別館溪醉居有可以看見溪流的Bar，可在睡前微醺小酌。

出發前一個月就完成預約。月燈庵網站沒有特別註明有接送服務，本來想說距離湯布院車站七分鐘的車程，計程車費用應該在1000日圓內，但無意間看見某導覽書上寫有送迎服務，於是寫信去旅館網頁的問合（諮詢信箱），請求可否於當日下午四點半迎接，旅館很快便回應。一般來說日本的溫泉旅館都有送迎服務，事先打電話協調即可。這回非常充分利用了這項服務，第二天更要求旅館送三人去下一個觀光點。

四點半九人小巴士準時出現，車子離開站前隨即開離了熱鬧的觀光區，穿過田間走進閒靜的山區。

月燈庵

對於月燈庵的第一印象是——果然是位在山野中。山中除了月燈庵沒有其它建築物，房舍本身則是頗有架式的和風別莊風貌。

進入Check-in的木屋大廳，不是非常寬敞卻很有Fu，尤其是那些述說著300年歷史的一根根油亮漆黑的黑柱，更是風味別具。Milly個人最喜歡的是大廳內沙發座前圍爐。圍爐內的灰燼畫出很禪意的痕跡，一角的瓷器和栗子也精采演出秋之意境。

完成Check-in，女中（專屬女管家）帶著我們一路熟悉設施與前往房間。喝著女中泡的熱茶和附上的茶點，順好晚餐時間，女中一離開Milly三人就迫不急待得去探險。首先，房間配置和裝潢稱不上豪華，也沒加入近年來日本旅館盛行的和風時尚元素，但算是寬敞舒適。客廳跟睡房分別是兩個榻榻米房間，附設的露天溫泉還不錯，從房間可以看見花園，木籬牆外是隱約的山岳。

旅館腹地真是不小，整個月燈庵被山林環抱宛如小型聚落。一棟棟住房區以迴廊和花園相連，Check-in的母屋亦是用餐空間，前方有寬敞的木製露臺，可以在此眺望山林，向外是特色吊橋觀樹橋，從橋上看去的遠山景緻更是寬闊。之後從客房區沿著迴廊走去溪邊別館溪醉居。觀察一下別館一樓可以聽見潺潺溪流聲的Bar Ripe，風情不錯，決定晚餐後來小酌一杯。

● 月燈庵

K●Y
U ●
S ●●H
●U

整體來說，月燈庵的優勢是坐擁大自然與空間寬裕，但在建築和房間設備上倒是沒有令人讚嘆的設計。比傳統溫泉旅館來得寬敞，但少了些精緻的周邊配置，服務上也較少貼心設計，沒有客製化的溫柔。Milly以前住過一些不那麼豪華的溫泉旅館，常會花些小心思擄獲客人歡心，像去泡溫泉拿的小提袋、房間內的茶葉薰香爐等。不過如果帶長輩來住宿，相信可以獲得極好風評，畢竟料理豐盛，房間夠大，有充分的散步路徑，房間內又附設溫泉。不要誤會！其實Milly的分數算是高的（嗯，80分？），只是貪心地期待能夠多些小心思。探險過後先去有沙發壁爐和免費咖啡的談話間，喝杯咖啡，去了露天溫泉暖暖身子，接下來就是期待中的晚餐。相對於大浴池的水準，月燈庵的晚餐真是滿意度很高的一餐。

新鮮度和美味度都沒話說，沒有刻意的花俏，卻能將和風料理巧妙加入西洋料理的手法，讓美味有著不同層次。值得稱許的還有擺盤和餐具的季節演出，每個人的餐墊都是具年代感的年輪切木，筷子架則是杏樹枝。端出的料理分別用了楓葉、竹子、栗子、柿葉來呈現旅館自信的秋色田舍料理，讓口中是美味眼中也是美景。

美食當前忍不住點了一瓶冷酒，是湯布院的地方酒ゆふいんの森，滋味甘甜順口，斟酒的酒杯頗講究也加分。期待中的陶板豐後牛肉質鮮美多汁，大滿足。

晚餐後小小散步看看夜色，再去了談話室喝餐後咖啡。

● 沙發座、圍爐、瓷器與栗子的精采演出

● 大廳內的用餐區，前方是寬敞的露臺

月燈庵之所以名為月燈庵，自然是因為月色就是這林間旅館的最好照明。夜空有些雲層，好在空氣不會過於冷凝，站在吊橋上仰頭看見的是美好星空。

之後友人預約的按摩歐巴桑來到，Milly也很難得地第一次在日式旅館內看見按摩全程，是難得的經驗。按摩後一身舒暢？三人行程滿滿，接著照計畫去Bar Ripe小酌。意外地Bar只有Milly一行三人，氣氛頗悠然，可以聽見隱約的溪水聲，音樂和燈光都很沉穩，氣氛很適合大人休日一日的結束。

那不甚靈巧也不是很帥氣的酒保建議一杯藍色雞尾酒（如果帥些可能加分更多），端上的雞尾酒果然泛著漂亮藍色也頗柔順好喝。雞尾酒是什麼名字？就全忘了。

當晚睡前又泡了一次溫泉，房間有露天溫泉是很好的，可以舒適地泡完溫泉就入睡。早上一人早起貪戀晨光。整個旅館區最好的觀賞位置是觀樹橋的中央，可以眺望遠方朦朧的日出。

一樣在早餐前泡了溫泉，以為住溫泉旅館晨間的泡湯是最幸福的。

然後去談話室，在柔和光線中喝晨光中的咖啡。談話室不大，有隨時可飲用的咖啡機，對離不開咖啡的現代人來說是很貼心的服務。

早餐沒有晚餐精彩，但是分量還是豐富。吃到了美味道地的明太子，那特別的早餐主角豆腐鍋應該很好吃才是，但是Milly偏食不愛吃豆腐，所以早餐的判定或許有些不公平。

● 月燈庵的晚餐滿意度很高，擺盤和餐具的季節演出值得稱許

D ● A
● T ● A ● I
A ● L ● ● ● S T

月燈庵
● ● ●

大分縣由布市湯布院町大字川上
295-2
http://www.gettouan.com

無量塔消費憧憬中

Milly在湯布院最憧憬住宿的是無量塔，暫時無緣住宿，至少要消費一下周邊，最簡單的自然是附屬的咖啡屋或餐廳。

有間早就想體驗的咖啡屋Tan's Bar，不單是內裝引人，更加上這裡可以吃到由無量塔企劃的蛋糕捲Pロール。

說可以吃到，但是一日限量50份並非隨手可得，必須精準計算前往時機。

看地圖顯示月燈庵離無量塔似乎很近，但是隔了些山丘不能確認動線。本來想請旅館櫃枱幫忙第二天叫計程車，後來靈機一動，或許可以請旅館的車子順道送三人前去無量塔。

可是如果直接說：「請送我們去無量塔！」一間印著旅館月燈庵名稱的車子停在無量塔前總是不太好，於是和對方商量送我們去美術館artegio。

artegio也是無量塔企劃的周邊之一，兩者之間有通道連結，距離約三至五分鐘。

吃完早餐，照劇本演出，9點多些Check Out。

月燈庵的車子專程送我們去到美術館artegio，真是親切的服務，加分。

下車先看見一間簡約時尚風的手工巧克力店Theomurata，不過時間有限，預計最後離開前再逛。

通過階梯坡道再通過很安藤忠雄風格的水泥長廊就到了美術館，另一邊是禮品店「藏拙」，在禮品店的一旁則是光線充分很有風格的美術館附設咖啡屋餐廳artegio-dining，如果時間充分大大建議在此用餐。特色料理是以湯布院農家食材雞蛋、雞肉、蔬菜等調理出的義大利菜，午餐預算約是3000日圓起。

禮品店店名「藏拙」，但除了旅館獨創的加工食品和雜貨，也有不少品味不錯的陶瓷器。這裡可以買到美術館的600元門票，還可以寄放隨身行李，Milly更請求櫃枱小姐幫忙預約計程車。

先不能悠閒地逛美術館，畢竟要去享用限量的Pロール。再次通過光線充分的長廊，從美術館的後方前去無量塔。

果然是格局典雅又極具風格的旅館，氣勢還是不同。

是一泊兩食2萬日圓跟6萬日圓的格差？（笑），旅館的櫃枱人員都穿著正式西服，感覺像五星飯店的經理。

這裡的工作人員大概早已習慣招呼這些過路來吃蛋糕的客人，很熟練地引導我們前去Tan's Bar。

● 美術館旁的禮品店，藏拙

▲ 通過美術館長廊前往無量塔

Tan's Bar

對於Tan's Bar，第一印象是比想像中沉穩很多，很歐風，該說是很英國風的。像是可以看見老紳士抽著雪茄喝著威士忌的古典俱樂部風格。

酒保看起來也很「渋い」（成熟沉穩）。感覺是適合晚上喝酒而不是白天吃點心的氛圍。Tan's Bar在9點就開始營業，主題是茶＋酒＋咖啡，但還是以為這裡最美好的時間應該是夜晚的Bar Time。

不過6點過後的Bar Time在兩年前已經改為住宿客專用，不能讓過路客體驗。

雖然是歐風厚重感空間，但實際上建築物可是由新潟縣移建過來的古民家，能這樣精彩地和洋融和，不能不佩服那背後的美學素養。

白天的Tan's Bar已經充滿魅力，精準計算窗櫺射入的自然光，讓整體空間溫暖又安穩。光是能親眼看見那書上看過多次的壁爐和造型搶眼的劇場級音響，就已經感無量。

偷偷說一下，壁爐前四張北歐風皮沙發，一張可以超過100萬日圓喔。

10點多，Tan's Bar卻已接近滿座狀態。三人被安排到貼近庭園的沙發座，坐定後毫不猶豫當然是點飲料＋Pロール的Set。

P-ロール有原味和巧克力的選擇，Milly選擇了蛋香味較重的原味。端上來時委實嚇了一跳，比想像中扎實的分量，濃郁的蛋香，是個人很喜歡的口味。

在Tan's Bar度過了悠閒的30多分鐘後回到美術館，畢竟都買了美術館的票。一些導覽書上有介紹優惠套票「美術館門票＋ＰロールSet」，不過似乎已經結束。

以音樂為主題的美術館artegio不是很大，值不值得一遊是見仁見智，不過對於Milly來說這裡這光線充足、試聽室和圖書室很有品味，又能幫忙寄放行李和叫計程車，600日圓還是很值得的。

Theomurata

不敷衍地逛完美術館，拿了寄放的行李離開。

之後走進手工巧克力店Theomurata逛逛。

這裡依然是無量塔的企畫，小小店面裝潢精緻，連帶巧克力看起來都是頂級感。

試吃了一些，巧克力風味濃郁，包裝也非常時尚感。可惜這裡的巧克力講求純手工和入口即化的濃郁，不適合常溫下運送。

看見其他客人都以冷藏宅急便的方式將巧克力送回家。

問了可否就這麼買了帶走，畢竟友人第二天就要搭機回去。

店員很誠意地說室溫還是「無理」！到時巧克力的形狀就會「崩壞」，不建議購入。

真是有良心的店家，不會為了做生意亂騙顧客說沒問題。

● 歐風Tan's Bar，氣氛適合晚上小酌

● 頂級音響配上一張超過100萬日圓的皮沙發

這區內跟無量塔關連的設施還有茶寮「茶扉洞」和蕎麥屋「不生庵」。

ギャラリーあり

還有些跟無量塔無關的個性店也很吸引人。
像是可以吃美味起司蛋糕和觀賞繪本畫家有吉弘行作品的咖啡屋「萬屋うさぎ」、自家烘焙咖啡屋HAMANO和雜貨作家工房ギャラリーあり。

因為行程已經很滿足，差點忘了出發前一直放在心上的ギャラリーあり。
好在突然看見斜坡那端樹林下方的工房有隻悠閒的貓咪。
記憶一下湧現，對了，一直要去ギャラリーあり，理由正是那四隻貓咪。

立刻前往，先是發現店前有隻胖胖的橘子貓（橘子的毛色），然後在店內作業枱上又看見一隻大刺刺躺著的肥貓咪，也是橘子貓。
店家旁寬敞的露臺還有一隻三色貓，超級黏人，一靠近就立刻翻肚子讓人摸，一摸就咕嚕咕嚕發出喉嚨聲，也是肉肉的胖貓咪。看來都被主人充分寵愛著。
Blog有個可愛的名稱「湯布院ギャラリーあり、犬とネコの日々」（湯布院有間藝廊，貓咪與狗狗的每一天）。

搭乘特急ゆふいんの森離開，同時間湯布院車站再次湧入一批批來自韓國的自由行遊客和觀光團。

● 終於吃到Pロール，選的是蛋香濃郁的原味

● Theomurata的裝潢精緻，巧克力也是頂級感

K Y
S H

月台邊候車室都是滿滿人潮，幾乎可以確認多年前第一次邂逅湯布院時的悠閒步調已經消失。悠閒的湯布院被熱鬧的湯布院取替，抬頭看去的那塊藍天是車站僅剩的悠然。

並非絕望，或許更裡側的「裏由布」還存在與大自然相襯的悠閒角落，例如無量塔周邊的鳥越。

窗外還是秋遊日和的藍天好天氣，一路欣賞風景心情依然很高揚，能在長途旅行中保持高揚好心情也是遊人的能力之一。

● 去雜貨工房ギャラリーあり，
　因為惦記這裡的貓咪

D ◉ A
◉ T A
T ◉ I
L ◉ ◉
◉ ◉ S
◉ T

● **Tan's Bar**
· · · · ·
由布市湯布院町川上1264-2
山莊無量塔
9:00-18:00（Tea Time）
一年兩次不定休

● **Theomurata**
· · · · · · · · ·
由布院温泉川上1267-1
空想の森 artegio
10:00-17:00
週二休

ギャラリーあり
· · · · · · · ·
10:00-17:00
不定休
http://kinakodaichan.blog53.fc2.com

把北九州JR PASS發揮到最大效用

從博多車站搭乘往小倉的SONIC特急列車，再從小倉轉往門司港站。

接下來的半日行程是遊覽門司港洋人館建築群、吃烤咖哩飯、欣賞港口黃昏。Milly要利用手上那張北九州JR PASS三日券一路不停留地以小倉—福岡—佐世保路線前進，晚上住宿佐世保。友人則是繼續留在門司港，坐船去對岸的下關，小小觀光後再返回福岡搭機回國。此時一張2700台幣的北九州JR PASS就可以發揮最大效用。

Milly也考量過當晚住宿福岡，第二天再前往佐世保。

「博多—佐世保」，搭乘特急大約兩小時，單程車費約3940日圓。但是如果利用九州JR優惠的「二枚きっぷ」（同時購入兩張票）指定席方案，來回票就是7100日圓，小有折扣。

如果是「四枚きっぷ」（同時購入四張票），票價是8000日圓，一張2000日圓，划算很多。

如果是兩人同行也可以利用這四張套票方案，票上不會記名自然也沒有限制。

當然，海外遊客有更多優惠的JR PASS可以運用，可以上網參考。

Milly的盤算是利用三日券省去一段往佐世保的特急車費，住宿佐世保隔日也可以及早出發到九十九島。

因為最早一班從博多往佐世保的特急是07:28，到達時間是09:26，而佐世保站前往九十九島展望台的巴士是8:15，很明顯是趕不上的。

反之，住宿佐世保站前旅館則比較有餘裕。至於回程，就可以依當時心情自由選擇交通工具。

本來安排旅程就是不斷的選擇，有計算攻略但沒有絕對的孰勝孰劣，重要的是找到讓自己愉悅的路徑。

不光是日期，不光是移動方式，即使是一處轉彎，選擇有時都會左右旅行的記憶和故事。

● 旅程的安排，重點是找到讓自己愉悅的路徑

K　Y
U
S　H
U

門司港的烤咖哩飯、香蕉和啤酒

從博多直達門司港都是快速列車,班次也少,因此Milly選擇轉車,從小倉往門司港不過兩站,班次也很多,不用刻意安排也不會耽誤行程。

那天搭乘的是SONIC883,發現一列車廂的椅子非常可愛。椅背上的頭枕像碗豆(蠶豆?)。因此Milly私下將這列車椅子定名為豆豆列車。下回搭到這班SONIC列車,也可以留意有沒有豆豆車廂喔。

目的地門司港站在九州鐵道有舉足輕重的地位。

首先,門司港車站建築被列入「日本車站百選」,更是第一個被選為國有重要文化財的車站。車站外觀或裝潢都刻意維持往日的風情,甚至連名稱都沿用舊用語。

像洗面所(洗手枱)、驛長室(站長室)、待合所(候車室)、切符賣場(售票窗口)等。要充分認識這舊車站的歷史故事,可以先去索取站內介紹,按圖對照自有一番樂趣。

門司港站還是鹿兒島本線的起點,車站內可以看見「0哩」紀念石碑。

石碑前是幸福之泉,泉水前是旅人的幸福之鐘。任何可以祈求幸福的機緣都要留意,於是不免要停下腳步敲一聲鐘響。

另外在男廁旁還有歷史古蹟幸運手水,也是可以獲取幸運能量的地點。

● SONIC883,Milly定名為豆豆列車

有鑑於門司港站的鐵道地位，車站後方原本是舊九州鐵道本社的建築內興建了九州鐵道紀念館。

館中有實體列車和周邊收藏，是鐵道迷不能錯過的據點。也可以從這裡搭乘觀光列車潮風號前往出光美術館或關門海峽。

除了門司港車站，遊覽門司港地區的關鍵字則是レトロ地區、棧橋、バナナ（香蕉）和燒きカレー（烤咖哩飯）。

遊玩門司港地區要先認識「レトロ」一詞。

レトロ（Retro）是英語「Restrospective」的略稱，有懷舊、追溯的意味。

門司港是昔日的外國貿易商港，保留了許多繁榮時期的歐風建築、旅館和美食。

區內有許多歷史建築，例如1914年建造完成的「JR門司港車站」、1891年完工現址為九州鐵道紀念館的「舊九州鐵道本社」、1917年興建的「舊大阪商船」、1921年的「舊門司三井俱樂部」、1902年外觀典雅的「國際友好記念圖書館」和1912年的「舊門司稅關」等等。

其中，舊門司稅關（地方稅務局）氣派的歐風紅磚建築內，有「喫茶店レトロカフェ」（Retro Cafe）和二樓的「関門海峽展望室」。

入口處還有諮詢櫃　可以詢問觀光資料或美食建議。

● 門司港車站，日本車站百選也是重要文化財

- 站內設施都沿用舊用語
- 在幸福之泉下敲一聲鐘響
- 門司港區內有許多歷史建築

K ● Y
● U ●
Y ● H
● U ●

門司港地ビール工房

Milly詢問了下午三到四點鐘哪裡還能吃到美味的焼きカレー（烤咖哩飯）。工作人員推薦位在碼頭邊可以看見海港的門司港地ビール工房，還給了一張門司港焼きカレー地圖。

依照地圖前去，點了招牌的當地啤酒門司港地ビール和焼きカレー。
這裡的啤酒泡沫細緻，有果香，女生應該會覺得很順口。
至於那傳說中的門司港名物焼きカレー則比想像中美味。
飯淋上咖哩再放層起司去烤，起司下還有半熟的荷包蛋。享用時蛋汁融在熱騰騰的咖哩飯上，讓料理更加濃郁滑順。
為了順應門司港的下關（遠洋漁業基地）個性，Milly點的是加了炸河豚的套餐。
可是那兩尾小小的炸河豚真是吃不出什麼滋味，想不出稱讚的形容詞。
門司港提供焼きカレー的餐廳之多（約30間以上），已經到了可以組成焼きカレーmap的程度。
其中門司港地ビール工房因為有好喝啤酒、海港黃昏風光，還有激熱鐵板烤咖哩，是Milly個人的大推薦。

為什麼門司港會有這道焼きカレー名物呢？
有一說是30年代貿易繁忙的門司港有許多洋風餐廳，其中某間提供洋食的咖啡屋將賣剩的咖哩飯鋪上起司焗

- 舊門司稅關
- 加了炸河豚的鐵板烤咖哩套餐，配上門司港啤酒

烤，沒想到客人反應極佳，於是其他店家群起仿效，就這樣引發浪潮，誕生了現在的烤咖哩料理。

下午四點，用餐前巧遇每天只開放六回的「西海岸可動橋」最後一次開啟。西海岸可動橋是日本最大的不對襯「行人專用棧橋」，整個棧橋橋身可以分為兩段開啟再閉合，過程近20分鐘。本來是為了方便船隻通過的裝置，現在即使不是船隻通過時間也會定期開關，變成了觀光景點。

除了氣派的門司港Hotel，碼頭邊另一棟被豔陽照得閃亮發光的高聳建築也讓人無法忽略。以國際友好記念圖書館做為襯托前景，這超高建築看起來更是異常搶眼。
建築被通稱為「門司港レトロ展望室」，其實是由黑川紀章設計的高級公寓。搭乘電梯可以通往位在31層的頂樓展望室，其他樓層則都是私人住宅。
展望台開放至晚間10點，是從制高點看門司港全景、港灣暮色和夜景的最佳選擇。前往展望室的費用是300日圓，電梯上升時會聽到參雜海鷗、氣笛和海浪聲的音效，下降時則會聽到「香蕉商的拍賣吆喝聲」。

香蕉商的拍賣吆喝聲

バナナの叩き売り（香蕉商的拍賣吆喝聲）也是這回才發現的門司港特色文化，這裡甚至有座香蕉商吆喝聲發祥

- 日本最大的行人專用棧橋，現在沒有船隻通過也會定時開關
- 黑川紀章設計的門司港レトロ展望室，其他樓層都是高級私人公寓

- 門司港Hotel，義大利建築師Aldo Rossi的作品
- 不是假日，無緣參與香蕉叫賣活動，在港邊看到滑稽的香蕉人雕像

碑。

明治36年（1903年），來自基隆的台灣商人首度從台灣將香蕉引入日本。之後香蕉開始大量輸入，最接近台灣的門司港因此設立了卸貨分運的香蕉市場。

部分商人將不方便長途運送的早熟香蕉在市場邊以吆喝方式叫賣，這便是バナナの叩き売り的開始。

這裡假日會不定期舉行模仿舊日情景的香蕉叫賣活動來活絡觀光氣氛，為了保存傳統文化甚至還成立了門司港バナナの叩き売り保存会。

Milly前去時不是假日，無緣參與，只見到港邊那看來有些滑稽的香蕉人雕像。

兩小時多的停留，大致走完門司港的旅遊新舊關鍵字。

Milly的話別儀式是前往面向港灣的設計風觀光旅館「門司港Hotel」。

通過長長的階梯到達以黑白石磚和大理石柱裝點的Lobby，瞻仰已故義大利建築大師Aldo Rossi為這旅館規畫的氣勢空間。

對旅館的餐廳美食不是那麼感興趣，只是偏愛這大廳的配色和厚重感。

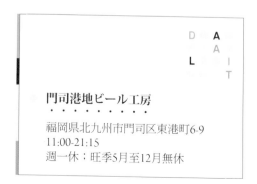

DALIT

門司港地ビール工房
‧‧‧‧‧‧‧‧‧
福岡県北九州市門司区東港町6-9
11:00-21:15
週一休；旺季5月至12月無休

kyushutrip**6**

憧憬的九十九島

長崎。

北松浦半島　福岡

九十九島　佐世保

馬島　雲仙峰

9月22日

九十九島不是九十九座島

刻意在往南九州前繞去佐世保,主要是要彌補上回未能前往憧憬的九十九島。

上次是冬日前往,不過四點多,已經沒有巴士。

這次勢在必行,因此資料查得齊全,然後前晚住宿在站前旅館,完全把前往九十九島觀景的行程排在第一優先。

北松浦半島西岸沿岸的「九十九島」並非真的是九十九座島嶼,只是群島的總稱。

實際上,據統計海域內大約有208座島嶼,「九十九」只是象徵島數多又密集。

以佐々川河口為界,還分為「北九十九島」和「南九十九島」兩個區塊。

整個群島海域被規畫為西海國立公園,可以在「西海パールシーリゾート」(西海珍珠海洋遊覽區)搭乘遊覽船前往。

理論上搭乘遊覽船才是正統的遊島方式,可是憑經驗就可以猜測遊船只是在島嶼間穿梭,無法看見全景,至少那些震撼的照片都是來自空拍。

因此,要充分滿足視覺必須尋找可以眺望島嶼的展望台。以「九十九島展望台」做搜尋,出現了展海峰、船越展望所、弓張展望台、石岳展望台四個地點。

http://www.pearlsea.jp/99islands/view.html

根據圖片,四個展望台看去的景觀都不錯,要選擇何者可以看交通動線的順暢度和車費多寡而定。

三年前Milly本來想從西海珍珠海洋遊覽區前往船越展望所，可是必須開車或動用計程車。

弓張展望台最遠不考慮，石岳展望台接近亞熱帶動植物園可以列入考慮。

最後，決定選擇了展海峰。網路評論最推薦展海峰，加上從佐世保車站出發有巴士到達也較符合節約原則。

萬一巴士出了狀況，從佐世保車站到展望台的計程車費大約是2700日圓。

Milly平日喜歡放空，旅行步調也偏好悠閒，卻是頗嚴謹的旅人。

雖然前晚到達時間偏晚，還是在採買晚餐後勘查了巴士的站牌位置。

要在佐世保市營巴士的「佐世保駅前」站上車，但光站前就有三處等車區，不弄清楚第二天難免慌亂。

記憶中的碼頭邊建築「新みなとターミナル」（新港候船大樓）沒有多大改變，外表流線搶眼，內部依舊散放出疲倦氣息。從碼頭可以前去另一個Milly憧憬的海島區域大島・松島・池島，只是船票真的很貴，船班又少，目前還是暫時擱置。

說起來九州島嶼旅行真正放在第一位置的，依然是福江島、奈留島、久賀島等島嶼組成的五島列島，可以從長崎搭船前往。

改編自吉田修一小說的同名電影《惡人》中，主角妻夫木聰與深津繪里最後逃往的島嶼正是五島中福江島的大瀨崎灯台。

Milly倒不是偏愛這部電影，而是嚮往島嶼上的歐風風情小教堂。

在種滿椰樹的熱帶風貌港灣隨興散步，然後去一旁的朝市閒晃，花了300日圓買了一

碼頭建築新みなとターミナル

佐世保碼頭散步

盒新鮮巨峰葡萄，預備去展海峰野餐。
回到旅館Check Out，然後去站前的連
鎖咖啡屋SEATTLE'S BEST吃了還不錯的
熱狗＋熱咖啡早餐，之後走去巴士站的
七號乘車站牌候車。

預計搭乘「つくも苑」方向的佐世保市
營巴士前往展海峰入口。第一班巴士是
8:15發車，到達時間是8:55，然而第一
班回程巴士是9:18發車。
20多分鐘當然不夠，但是第二班10:36
發車，停留時間又太長。真是難抉擇，
決定到當地再判斷要快速離開或悠哉開
晃。

巴士穿過市區道路，爬上山腰住宅區，
一路蜿蜿蜒蜒前進。突然間下起雨來，
到了接近港口時，車窗外更是一片朦朧
……不會吧！眺望遠方最需要好天氣的
日子，居然碰上大雨天。好在巴士慢慢
爬上山坡後雨勢漸小，讓Milly稍稍安了
心。

40多分鐘後，巴士停靠在沒有人跡沒有
房屋的展海峰入口站牌。
好心的司機叫Millly先不要下車，然後
將巴士停在坡道入口的前端。還提醒
Milly這個季節有的巴士會直接開上展海
峰，真是親切。
走了大約五至六分鐘到達展海峰停車場
邊，真的看見了臨時的站牌。
原來9月中旬至10月底期間，波斯菊盛
開的時節，某些班次的巴士會直接開到
展海峰停車場方便遊客賞花。

● 從展海峰展望台看見
的九十九島

註：佐世保市營巴士在六、日和假日推出全路線一日乘車券500日圓，光佐世保車站到展海峰入口平常單趟就要460日圓，如此看來相當划算。平日也有販售一日券，但僅能用於市區。

走上坡道，雨已經完全停歇，不由得感謝一路保佑的旅遊之神。走了幾步後Milly心中更是大大感激，因為藍天漸漸浮現，從山坡道上看去，海灣島嶼之間還出現了一道美麗彩虹。

心中雀躍著，若不是受到眷顧怎麼會一下子擁抱這麼多美好。

Milly非常相信旅遊之神，這神仙不用鮮花素果朝拜，只要愛護自然中的一草一木，美景當前誠心喜悅和珍惜，旅遊之神就會在身邊保佑與祝福。

由展海峰停車場的規模來看，這裡的確是高人氣的遊覽據點。

停車場邊迷宮模樣的波斯菊花園還在滿開前夕。為了吸引遊客重返，這片花田春天是嫩黃的油菜花，秋天則開滿波斯菊，周邊也種了些櫻花。

通過波斯菊花田旁的小路，終於看見九十九島景觀展望台。

從多年前看到九十九島海報的那一刻開始，憧憬的景象終於展現眼前。

雨後的天空清澈，襯托著海面上點點分布的島嶼，真是可以用海角樂園來形容。也可以清楚看見遊覽船和魚船穿梭其間的模樣。

隱約看見島嶼間的彩虹橋，這情景由展

海峰當日首位遊人Milly獨占，真是一大奢侈。

展海峰位於「俵ヶ浦半島」中央位置，觀賞的是南九十九島。

這裡也是攝影人士的熱愛景點，尤其好天氣的夕陽，更是大人氣。夕陽景色牽涉到雲層和季節，可遇不可求。

這便是Milly在旅途中看到美好夕日總是大感動的原因。

雨後空氣清新，本來旅遊興致差點被破壞，沒想到一場大雨反而像施上一層美好魔法。

離開展望台，先到一旁的涼亭進行葡萄野餐。

時間還很多，就邊逛波斯菊花田，小歇一會再欣賞不同天光下九十九島景觀的微妙變化。

不久，停車場旁的農產販賣店開門，於是近去小逛一下，買了抹茶冰淇淋。店內的歐巴桑知道Milly是一個人旅行，直說好厲害，還特別給了Milly一個像柳丁的橘子。

看起來很酸的柑橘入口卻很甜，冰過更是美味。

因為經常一個人旅行，記憶中像這樣從親切的阿伯或歐巴桑手中拿到的橘子還真不少呢！

◎ 展望台涼亭風景

K　Y
U
S　H
U

佐世保バーガー是美軍大漢堡

- 佐世保漢堡地圖
- 在地人推薦，店內沒有座位的HIKARI
- LOG KIT的酪梨漢堡

跟農產店歐巴桑聊得很開心，於是問她當地人會推薦去那裡吃有名的佐世保漢堡。

歐巴桑給了Milly一張「佐世保バーガーMap」（佐世保漢堡地圖），幾個歐巴桑和歐吉桑商量後一致推薦：矢岳町附近的HIKARI。

似乎可以期待，於是回程途中提前幾站在「元町、市立總合病院前」下車，然後走到在中央消防署對面的HIKARI。

結果，發現一旁的LOG KIT本店感覺似乎較好，於是就辜負了當地人的推薦。

LOG KIT本店

LOG KIT裝潢美式，觀光客也很多。似乎是當地人不喜歡跟觀光客同流，選擇比較庶民風的ひかり。

HIKARI是昭和26年（1951年）開店的老鋪，講求家庭手工風味，漢堡堅持點餐後現做，較為耗時間，店前會看見排隊行列。這裡也是為學生推出的ジャンボバーガー（巨無霸漢堡）的發祥地。

相對於店內沒有桌椅、沒裝潢、堅持不開分店的HIKARI，LOG KIT本店則顯得較有野心，名氣也較大。除了佐世保店，分店更開到了京都、東京等大都市。這麼說來，能吃到名氣漢堡本店也是頗有價值的。

不過名氣大也麻煩，Milly才拿起相機，

本店名物的「元氣老太太」就很親切地上前阻止，說拍自己的漢堡沒關係但不能拍店內，所以無法分享店內熱鬧活絡的氣氛。

大部分客人都點了寬18公分、重量500g的招牌スペシャルバーガー（特製漢堡）。Milly不想用胃腸來挑戰，就點了基本款的酪梨漢堡。漢堡很快送上來，分量還是很大，一口咬下去確實好吃，沒有辜負盛名。

灑了芝麻的漢堡皮烤得香酥鬆軟，漢堡肉也焦香多汁，首次的佐世保漢堡體驗是滿意的。

佐世保為何以漢堡聞名呢？

據說和佐世保昔日的美軍進駐有關。第一個佐世保漢堡誕生在昭和25年（1950年）左右，是當地美軍Bar的師傅直接跟美國海軍大廚詢問食譜後做出來的，之後便陸續出現漢堡店。

原本提供給美軍的漢堡店，當地人也開始品嚐，店家於是加入了日本人口味，演變成今日的佐世保漢堡。

為了維護漢堡的風味，佐世保還設立了「SASEBO」認證標誌，藉以確認店家推出的是正宗的佐世保漢堡。

網路上還有佐世保漢堡排行榜，第一名的店家是KAYA，LOG KIT第二，第三則是HIKARI。這是幾年前的排行榜了，不過大致都是這三家在競爭。

DATA LIST

LOG KIT本店
‧‧‧‧‧‧‧
長崎県佐世保市矢岳町1-1 2F
11:00-22:00
無休
http://www.logkit.jp/mate/index.html

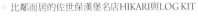
比鄰而居的佐世保漢堡名店HIKARI與LOG KIT

 相浦棧橋搭乘ニューフェリーくろしま
到達島民不到900人的黑島

Y
K　　U
S　　H
U

去過九十九島、完成佐世保漢堡初體驗，接下來則是Milly這次來佐世保另一個最大的目的──去「黑島」，看島上氣派典雅的黑島天主堂。

本來，憧憬的是五島列島上的歐風教堂，但這次旅程沒排上長崎。

找尋資料中無意間發現九十九島周邊的黑島居然也有一間風味十足的歐風教會。

而且是有希望登錄為世界遺產，已經是「日本文化財指定」的歷史教堂。一下子士氣大振，開始計畫如何將九十九島、漢堡和黑島天主堂連結成完美的佐世保旅行路徑。

原本計畫從九十九島展望台回來後，先在車站周邊附近的漢堡店吃漢堡，然後從JR佐世保旁的松浦鐵道前往「相浦站」搭船。

後來因為歐巴桑的推薦臨時提前下車，行程更改為在ログキット對面搭巴士前往相浦棧橋。往相浦棧橋的巴士路線很多，行程意外地更順暢了。

從相浦棧橋搭乘ニューフェリーくろしま（黑島旅客船）約50分鐘可以到達黑島。不過班次真的很少，一天只有三趟往返。

從相浦港出發的班次是10:00、13:00、17:00，從黑島港發船的時間則是6:50、11:10、15:30。

所以對遊客來說只能算是兩趟班次，因

為下午5點出發的旅客沒船返回。

想悠閒遊覽黑島其他自然景觀，10:00出發15:30返回最適切。否則就要像Milly一樣，搭13:00的船班前去，搭15:30的船班回程。

滯留時間大約只有一個半小時，有些趕但也是足夠的。實際前往才發現黑島真的是很荒涼，或是該說很純樸，出了港口沒有任何店家，也沒有巴士和計程車。

走去黑島天主堂，大約需要25到35分鐘，所以還是要留意時間。

不過，Milly個人很喜歡島嶼，能前去人口稀少的日本島嶼，邂逅未知的神祕歐風教堂，還是以為樂趣無窮。

巴士就停在相浦港候船室前方，買了往返船票是700+630日圓，有70日圓的折扣，兩天內有效。

乘客還不少，有一些像是當地的釣客。

其實西海珍珠海洋遊覽區也有推出黑島行程，從相浦港出發，有半日遊5000日圓以及一日遊8900日圓兩種行程，均附午餐。

旅行團需要在出發前三日報名，滿兩人就出團。本來Milly也想報名，但是行程配合不上。

行程都有配車，即使只有一個半小時，參加半日行程也剛好。

詳請可以參考以下網站。

http://www.pearlsea.jp/shima-tour/kuroshima/index.cgi

搭船沿途可以看見屬於九十九島的離島，不過感覺比不上從高處眺望。渡船到達島民不到900人的黑島港口，大部分的乘客都被家人或民宿接走了，只剩下Milly，勇往直前不多思考地，依照指標往黑島天主堂邁進。

出發前參閱過其他日本人的Blog遊記，所以即使沿路荒涼也不會擔心或猶豫。好在指標清楚路也只有一條，路途中狀況不多。

經過雜貨鋪看見稻田邊的小學，根據之前的部落格記憶，知道黑島天主堂就要到達了。果然，再走向前就看見小小山丘上的紅棕色磚瓦教堂。

這教堂「原則上」不能任意拍照，但沒有看見禁語也沒有管理人，真要說的話一路上可說杳無人煙。

於是Milly安靜地開門進去，安靜地沉浸在教堂特有的非現實氣氛中。

雖然教堂外觀不是那麼氣派搶眼，但是內部的莊嚴美麗真讓人動容。

在歐洲中看過許多更有氣勢、更莊嚴壯麗的教堂，黑島天主堂或許真的無法相比。

但是只要想到這是座落在日本偏遠漁港小島中的教堂，那感動的強度自然完全不同。

深棕色的木造拱廊和天井、彩繪玻璃窗、聖潔的聖母像，置身其中有著說不出的寧靜祥和。

據聞日本15%以上的天主教徒居住在長崎市。如果看過大河劇《龍馬傳》，也會知道在日本鎖國時期長崎是唯一開放外國貿易和宣教的區域。正因如此，長崎、五島列島、佐世保才會留存許多天主教教堂。

小島上會出現黑島教堂，淵源是江戶時期（約1865年）一批受到迫害的「隠れキリシタン」（偽裝成佛教徒的天主教徒）來到島上，建立了教會。

教徒於1878年搭建了木造教堂，1899年法國神父就任，利用信徒的捐獻於1902年建造了現在的黑島天主堂。繼長崎的大浦天主堂後，1998年黑島天主堂成為第二間被指定為國有重要文化財的教堂。

建築的紅磚瓦是當地信徒燒製的，地板鋪設的是當地的御影石，祭壇地板的磁磚更是九州特有的有田燒。

在黑島天主教堂的莊嚴氛圍中獲得滿足，Milly在留言簿留言，然後跟來時一樣靜靜地推門離開。

Milly目前沒有任何宗教信仰（家人都是基督教徒），但只要是莊嚴的宗教建築都喜歡。

島民70%都是天主教徒，可以想像到了聖誕節這島嶼會是多麼莊嚴又愉悅呢。

怕錯過當天最後一班渡船，不敢任性地去其他景點散步，乖乖回到渡船碼頭，無目地遊晃並感受漁港風情。

天氣很好陽光充分，Mill在等船時間裡將被汗水濕透的薄T恤換下，洗好又曬了八成乾。

回程依然選擇坐在甲板上吹著海風沿途觀賞離島風景，很快就回到相浦港。

因為距離下一班巴士還有20多分鐘，於是選擇走到松浦鐵道相浦站（無站員車站），轉搭電車回佐世保車站。

到了佐世保車站拿了行李，前去位在旅館一樓的高速公路巴士總站，花2200日圓買了張西肥巴士的高速公路巴士券返回福岡。

遇到高速公路塞車，本來預計2小時20分的車程花了將近3小時才到達。這就是高速巴士的缺點。不過巴士的椅子舒服價錢又便宜，就不計較那麼多了。

番外篇

長崎可以這樣玩。

在此次旅行的7個月前，有趟縱貫日本九州、四國、京都、新潟、山形等地的大旅行，期間順路去了長崎，所以這次沒將長崎放入旅程，畢竟那次兩天一夜已經把長崎玩得很透徹。
不過一般來說，來到佐世保不去更熱門的長崎也不符邏輯。
這裡就以番外篇的形式，說說Milly怎麼玩長崎。
不過，這裡的長崎指的是長崎市區，而非包含豪斯登堡、島原、佐世保的長崎縣。

首先，要旅行長崎，一張500日圓的長崎電車一日券或許是必備的，有這張一日券就可以連結大部分的人氣觀光點。
不過，不同於高知電車、函館電車，長崎電車一日券無法在電車上購買，要在觀光案內所或是有簽約的旅館櫃枱購入。
造型可愛的觀光巴士らんらんバス的行經路線也頗好運用。
因此如果不想受限於電車一日券，隨意搭電車或是らんらんバス也不失為明智的選擇。

長崎的人氣觀光景點包括出島史料館、眼鏡橋、グラバー園（哥拉巴園）、原爆和平公園、大浦天主堂、オランダ坂（荷蘭坂）等地。但自從高收視的大河劇《龍馬傳》播出後，長崎的官方觀光推薦就一面倒地放在跟龍馬相關的龜山社中記念館、長崎歷史文化博物館，以及和跟龍馬淵源頗深的哥拉巴公園。
美食和伴手禮上也出現了「龍馬長崎蛋糕」、「龍馬が愛した珈琲」（龍馬喜愛的咖啡）、「龍馬啤酒」等。

○ 大浦天主堂
● 眼鏡橋
○ 出島史料館

歐風風情的荷蘭坂

龍馬通り

日本第一間貿易商社：龜山社中

從龍馬的鞋子雕像遠眺長崎

在眼鏡橋又找到一顆心

而若是問Milly的偏心推薦，則以為長崎最有風情的是坡道。

在長崎，坡道不只是斜坡道路，多數時候是指那些山丘住宅區間的階梯坡道。

有名的路面坡道，也是Milly很喜歡的，是歐風住宅區旁的荷蘭坂；另外哥拉巴園邊側，南山手住宅區的どんどん坂也很有風味。為什麼叫どんどん坂？原來是坡道旁有水溝，水流過會發出「dondon」聲，為了讓外國人容易理解就取名為どんどん坂。

Milly認為最具涵義的階梯坡道，是通往坂本龍馬建立的日本第一間貿易商社龜山社中途中，被暱稱為「龍馬通り」的龍馬路。

沿著龍馬通り氣吁吁爬坡上去，20多分鐘後就可以到達夾雜在一般住宅中的龜山社中記念館。即使對歷史人物沒有共鳴，這個位置也是遠眺長崎的極佳制高點。

在龜山社中記念館有一個放置「龍馬的鞋子雕像」的高台，正是最佳的遠眺據點，這裡也是來長崎拍照留念的基本地標。

根據資料，長崎是日本數一數二坡道多的城市。也因為坂道風情，如《盛夏的聖誕節》（7月24日通りのクリスマス）等不少電影都以長崎為拍攝背景。

說到風情，大浦天主堂也頗有風貌，可以進去感染一下歐風教堂的莊嚴典雅。

至於哥拉巴園名氣大，卻以為可看度不那麼高，除非想浪漫地去尋找園內那顆鑲在步道上的「心」。

據說長崎各地一共有三顆「心」，找齊的話可以讓戀愛開花結果。其中一顆心在哥拉巴園，另一顆則是在知名景點「眼鏡橋」河道旁的石壁，最後一顆心據說藏在鮮少人知的「舊茂里町営業所前」步道。

長崎三顆心，一顆藏在哥拉巴公園

多元各國美食

長崎或許沒有太多令人驚豔的觀光主題，但非吃不可的地方特色料理卻有不少。

大家最熟悉的應該是長崎蛋糕（長崎カステラ），老鋪中福砂屋、松翁軒、文明堂最有名，被稱為長崎カステラ的「御三家」，其中福砂屋創業於1624年，是日本最老字號的長崎蛋糕店。長崎人更研發出一種特別的桃カステラ，粉紅色桃子狀的長崎蛋糕，在女兒節之類的節日會買來吃或是送禮。早年長崎有不少中國商人在此經商，因此有許多中國城和中國餐廳，中華料理中有賣壽桃，據說桃子長崎蛋糕的靈感便是來自於此。

其他美食還有像台灣割包的角煮まん和跟什錦海鮮麵很像的ちゃんぽん。其中Milly以為最有地方特色，最能展現長崎多民族融合背景的料理，則是發祥於長崎的トルコライス（toruco-rice）。

トルコライス的重點是結合了中華料理、日本料理和洋風料理。Milly在前去龍馬通り的路上咖啡屋內吃到的トルコライス，就放入了炸豬排、炒飯、茄汁義大利麵和馬鈴薯沙拉，真是厲害。不同的餐廳會有不同食材組合，但基本精神就是將異國料理放在同一個盤子中呈現。

幾乎所有的長崎食堂和咖啡屋MENU上都有這道トルコライス，好奇的讀者可以試試看。

◦ 長崎蛋糕御三家之一：福砂屋

女兒節專用的桃子長崎蛋糕

ちゃんぽん

像台灣割包的角煮まんじゅう

トルコライス就是將異國料理放在一起

Y
U
S
H
U

最後，Milly的長崎私房推薦則是建築外觀精采的「長崎縣美術館」和館內的咖啡屋「橋の回廊」。

長崎縣美術館的建築構成意念是風、光、水和綠地。

以為隨著季節不同，每分每刻變化的大自然對於美術館建築來說，是同石材、水泥一樣重要的素材。透過玻璃射入的光線、通過兩棟建築間迴廊的風、俯瞰水面的咖啡屋和綠蔭豐富的屋頂花園，都是建築跟大自然的精彩共演。

美術館整體規畫用心，也維持得很好，光是看到圍繞美術館的水道如此清澈就已經佩服到不行。美術館內有很多區塊開放自由參觀，用來做為旅途中小歇的清涼空間也不錯。

當然時間允許還是建議去那玻璃迴廊下的現代時尚咖啡屋空間「橋の回廊」，喝杯咖啡，點份作品般的甜點，是一種幸福的停歇方式。

Milly那天點的「ショコラカミーユ」（巧克力卡謬）是杏仁口味蛋糕覆上木莓果凍，再包上一層白色巧克力。

味道意外地不甜膩，清爽好入口。蛋糕外觀有如白色畫布上的現代畫作，讓人真捨不得一叉子切開呢。

在咖啡屋除了享用美麗的甜點，還可以透過一大面落地玻璃看到周邊的運河景觀。主廚是法國料理大師上柿元勝，如果是中午到此，以法式午餐小奢華一下或許也是另類的選擇。

DATA LIST

● 長崎縣美術館
‧‧‧‧‧
長崎県長崎市出島町2番1
10:00-22:00
每月第二、四個星期一休
http://www.nagasaki-museum.jp

● 橋の回廊
‧‧‧‧
4至8月10:00-20:00
9至3月11:00-19:00

長崎美術館建築精采

許多展覽都是免費參觀

連甜點也像現代畫

KYUSHU

kyushutrip**7**

福岡市　博多運河城

9月23日

走到哪兒算哪兒，福岡都會散步去

福岡。

● 旅遊後的酒更香醇

● 白天開店前的散步

● 購物兼早餐、午餐好利用的博多運河城

● 避雨的迴廊

● 大名、警固、藥院區的順路情緒散步

旅遊後的酒更香醇

回到博多車站站旁的旅館，跟行李箱重逢倍感親切。

當晚是行程中的洗衣日，利用旅館的投幣洗衣機，在等待時間先去逛書店，40分鐘後將衣服放入烘乾機，再利用一小時的空檔去小酌用餐。

本來預計去車站美食街「博多ほろよい通り」，可是看見那地下一樓的立食居酒屋實在太熱鬧有勁，忍不住就找了櫃枱前的站位喝起酒來。

もつやき処い志井

這間立食居酒屋もつやき処い志井真是吃過後大愛，決定以後只要來福岡都要前往。價位實惠，各式燒烤料理、蘸生蛋黃的炭烤雞肉丸，還有名物白煮內臟（もつ煮込み）都很美味。

而且店內的氣氛真的很讚，幾乎都是下班後來小酌的上班族，充滿了放鬆的喧嘩。

Milly看見隔壁的一對男女點了白煮內臟似乎很美味，詢問菜名時兩人居然說：「不要點啦！吃我們的就好啦！」硬要將料理分過來。南方人果然熱情，不過Milly當然沒接受那好意，怎麼好意思吃人家的呢。

先點了紅酒配生牛肝，血腥吧！不過Milly真的很愛生牛肝。對了，這裡冰鎮得透涼的番茄沙拉也是絕品。之後點了

燒烤雞串、白煮內臟、燉牛舌，又加點了一杯日本近日很流行的威士忌混蘇打水ハイボール（high ball）。

氣氛佳、料理美味、喝得舒暢，一餐下來卻不過3000日圓有找。

微醺中Milly和一旁也是獨自前來的熟女上班族聊得很愉快，得到的最大結論是韓國男明星都長得一樣，女星都整型（純個人意見），狠狠地批評了一下韓劇。

回到旅館，一大落衣服剛好烘得乾爽清香，真是不錯的時間安排。

找空檔洗衣服

D A
T A
L I
S T

もつやき処い志井 博多デイトス店

福岡市博多区博多駅中央街1-1
11:00-23:30
無休
http://www.ishii-world.jp/brand/motsu/nihonsaisei/

這間車站美食街地下一樓的
立食居酒屋，試過後大愛

紅酒配生牛肝，還有冰鎮番
茄沙拉

炭烤雞肉丸，蘸生蛋黃

白天開店前的散步

9月23日，是福岡一日遊，福岡的都會
徘徊。
從住宿旅館出發，這回不走小路，直接
沿著博多車站站前的大博通り走，是迷
路機率幾乎是零的大直線路逛。

走到地鐵祇園站後左轉進入叉路，目標
是櫛田神社和博多町家故鄉館（博多町
家ふるさと館）。
兩個地方未必有特色，但是在他店家幾
乎都還沒開店的都會早晨，遊晃一些清
新角落還是不錯的。

櫛田神社和博多町家故鄉館

清晨下了場雨，遊客不多的櫛田神社顯
得格外悠然愜意。
看了壯觀的「祇園山笠」、讀著「夫婦
銀杏」樹牌上的故事、好奇著那幾塊石
頭「力石」到底是怎麼回事，然後抬頭
望向神殿屋簷上似鳥似獸的木雕。不需
要太多的旅遊資料，單純以直感去接觸
在都會中的神社也是一種選擇。

在走到上川端商店街前的水泥鳥居時，
突然間一年多前的回憶又浮現了，那一
日也是在這神社遊晃著，是炎熱的八月
天。
階梯上一隻大白貓大剌剌曬著太陽，很
自然地讓人貼近摸著。
今日微雨，是貓咪不喜歡的潮濕天氣，

● 山笠，博多祇園山笠祭中
　使用的山車

● 力石

看不見寄居神社的貓咪。是不同的時間點、不同的季節、不同的陽光強度，決定著每一個邂逅，這一刻更深刻感受到。

還是來說說櫛田神社的故事吧，有故事才能讓心情更貼近。

櫛田神社是博多的「總鎮守」（守護寺廟），福岡人暱稱神社為「お櫛田さん」。

神社內奉納的博多祇園山笠，是700多年來福岡博多祇園山笠祭中使用的山車（祭典中豪華裝飾的抬轎）之一。

神社內的銀杏根部放置了兩塊蒙古碇石。福岡跟蒙古什麼關係？原來是昭和15年

● 櫛田神社，是博多的守護寺廟

（1940）在福岡港灣挖掘到的大石，是數百年前蒙古軍船的下錨石。今日被供在福岡的神社中，這是怎樣的緣分呢。

博多町家故鄉館在櫛田神社對面，10點開門。館內呈現明治中期的福岡町家景緻、博多人的生活文化特色，還舉辦福岡方言講座和傳統工藝等展覽。故鄉館共分為みやげ処（名產鋪）、展示棟、町家棟。最前端的みやげ処可以買到各式各樣的福岡特色伴手禮，例如由東雲堂生產，名為「二〇加煎餅」的八字眉怪臉仙貝。

Milly喜歡那可以免費入內參觀的町家棟空間，因為剛看完了日劇《魚干女又怎樣》，對町家房舍內的簷廊很感興趣。還模擬了住在這樣的屋子，坐在簷廊下喝啤酒會是什麼感覺。

● 夫婦銀杏

● 銀杏下放的是百年前蒙古軍船的下錨石

D A
T A
L I
S T

● 櫛田神社
· · · ·
福岡県福岡市博多区上川端町1-41
04:00-10:00
無休

● 博多町家故鄉館
· · · · · · ·
福岡県福岡市博多区冷泉町6-10
10:00-18:00
12/29-12/31休

K Y
U U
S H
U

- 明治中期的福岡町家景緻
- 在這裡模擬魚干女坐在簷廊下喝啤酒

購物兼早餐、午餐好利用的博多運河城

之後，順路前往一旁的購物中心博多運河城（Canal City）。

在福岡購物，天神鬧區是最佳選擇，不過Canal City也算好逛，知名服飾品牌像GAP、無印良品等很齊全，同時還有相當多餐飲。如果是一家大小前來，這裡會比天神更能全家同歡。

本來Milly想去無印良品附設的明亮咖啡屋Café MUJI，享用琉球紅茶＋沖繩本和香糖製成的烤布丁。

可是Café MUJI要等到11點才開店，實在無法多捱十分鐘，就去了10點多就開店的咖啡屋Papas Cafe，補充一下早晨的咖啡因。

Milly個人很喜歡東京惠比壽廣場的Papas Cafe，連帶著在不同地方只要看見Papas Cafe，都會揚起莫名的信賴感，以為進去了就能享有安穩又溫暖的時光。
主要是喜歡這連鎖咖啡屋善用褐色木家具、白色牆面、歐風小物和綠意植物，配置出英國殖民地的度假風情，雖說店家本身的主題是巴黎巷弄咖啡屋。

位在Canal City內的Papas Cafe空間沒有那麼完整，悠閒元素不夠充分，明明是同系統的咖啡屋，卻總像是少了什麼。原來，品味這種東西還是要更充分注意到每個小空間，少了什麼都不成立。

能古うどん製造所

帶著小小的不滿足，又晃到地下一樓。本來想吃一蘭拉麵，可是瞥見了熟悉的字眼「能古」，這間「能古うどん製造所」跟能古島有什麼關係呢？

原來，真的是能古島特產的烏龍麵。一種以古法製作、顏色偏白、麵細而有咬勁的烏龍麵。

原本還在猶豫要不要進去，卻看見了店前標示：早上11:15前，所有的烏龍麵套餐一律600日圓。看看時間是11:09，Milly那對限定、限量、限時沒抵抗力的神經又被挑動，還沒思考人就已經站在泛著熱氣的烏龍麵鍋自助點餐區前。

點了炸牛蒡烏龍麵配雜炊飯的套餐，吃法跟四國很像，也是可以自己加入蔥花和甜不辣麵皮碎片。

烏龍麵的湯頭清淡中有滋味、細麵條很滑順也頗有彈性，牛蒡天婦羅更是好吃。這裡的午餐套餐選擇同樣豐富，用大木盆端上的烏龍冷麵據說最為人氣。

- 博多運河城
- Café MUJI可以享用琉球紅茶＋沖繩烤布丁
- Papas Café是Milly信賴的連鎖咖啡屋
- 炸牛蒡烏龍麵配雜炊飯套餐，自己加蔥花或麵皮

博多運河城 Canal City
· · · · · · · · ·
商店10:00-21:00；餐廳
11:00-23:00（部分商家例外）
無休
http://www.canalcity.co.jp/

避雨的迴廊

離開Canal City，根據路標指示先走到春吉橋，也是入夜後屋台最集中的區域。通過春吉橋一直往前，就可以到達大丸百貨和三越百貨。

對於大丸福岡天神店有哪些服飾品牌Milly毫無概念，只知道面向大街的本館和東館間有歐風花園走廊，是不錯的小歇場所。

除了大家熟悉的Afternoon Tea，還有很巴黎的露天咖啡座BAR.CAFÉ Aux Bacchanales。

花園走廊有屋頂遮蓋，雨天想喝杯咖啡時可以當作備案選擇。順著迴廊往前走便可以到達在九州最大的書店淳久堂福岡。福岡沒有太多大型又好逛的書店，但是這間淳久堂樓高四層，可以大致滿足購買書籍和雜誌的需求。

總是排隊的ひょうたん寿司

大丸百貨對面就是三越百貨，Milly對百貨公司還是不擅長，通常只會運用百貨地下美食街採買熟食做為外帶晚餐。

中午往三越百貨方向前去，則是要去體驗一下在百貨公司後方，天神地區小有名氣的壽司屋ひょうたん寿司。

正確來說，是想要挑戰這店外總是大排長龍，中午一定滿座的ひょうたん寿司午餐套餐到底有多實惠好吃。

12點半過後排了20多分，終於坐上櫃枱用餐，點了有手卷、壽司和附湯的1000日圓ひょうたん定食。

定食壽司不是整份送上，而是師傅一粒一粒捏好再放在客人桌前的竹葉上。味道呢？

食材的確新鮮但還是偏愛都會精緻化的壽司，對於這一心講求傳統和食材鮮度的壽司，反而不知道如何讚歎。

比較後悔的是，看見很多婦女團都是點豪華版定食，有海膽、鮮蝦、鮑魚，是慶祝ひょうたん寿司開店40周年的「本日の特撰ネタづくし」（本日特選食材大特惠），原價3500日圓特價2800日圓。

看起來真是豐富又美味，要是豁出去點這套餐，感動可能會強烈很多。

對於日本物價，有種說法是將日圓去掉一個零，大約就是用台幣在台灣消費的感覺。也就是說，2800日圓的壽司套餐，就像我們280元的套餐消費。

想想看，才花280元就能吃到海膽鮮蝦鮑魚和鮪魚肚，有多划算！當時真的不該這麼節約小氣才是，下次再去復仇。

但要留意特價套餐都是平日限定或是午餐限定，到了晚上即使是同樣的套餐，價位卻是完全不同。這也是中午店外會大排長龍的原因。

● ひょうたん寿司總要排隊

● 定食壽司卻不是整份送上，師傅會一粒一粒捏

K Y
U
S H
U

● 左頁圖·大丸天神店館間的避雨走廊

D A
T A
L I
S T

ひょうたん寿司
・・・・・・・
福岡市中央区天神2-10-20 2F·3F
11:30-15:00；17:00-21:30
無休

大名、警固、藥院順路情緒散步

有過幾次福岡都會遊晃經驗，Milly大概歸納出一個概念：福岡的主要鬧區是天神周邊，但是想要體驗一些有風味、有個性的咖啡屋或店家，就要往天神更裡側的「大名」、「警固」、「藥院」、「今泉」等方向去探險。

像是9月17日前去的季離宮風味角落，就是警固再過去的今泉地區。
仔細觀察也會發現，接近大名地區年輕族群逐漸變多，名牌服飾店也漸漸被個性服飾店給取代，就像是走在東京裏原宿的感覺。

時尚薄餅店 patisserie et cafe MARBRE BLANC

沿著大名區容易發現一些讓人好奇的咖啡屋，例如marbre blanc Cafe。是間連女生都要彎身才能進去的小巧可麗餅咖啡屋，Milly一眼就被吸引。好奇地探頭，看見裡面清一色幾乎都是女生，店內放著許多可愛雜貨。

中午是滿座狀態只好放棄，沒想到後來繞到地鐵藥院站附近，居然又看見了一間同樣Logo的店。

原來兩間咖啡屋都屬於福岡頗有名氣的crêpe餐飲集團，在藥院區域大正通り路邊上的是patisserie et cafe MARBRE BLANC藥院本店。

本店比大名的那間咖啡屋大很多，偏現代時尚風，如果不留意還會以為這裡是設計風的家飾店。

這回沒多猶豫就進去了，其實Milly才剛吃過一份水果酒+核果的下午茶（下午酒？）。胃的確只有一個，但再來到此地的機會卻是未知。要用味覺記憶福岡，多少還是要付出一些卡洛里的。

除了甜點系列，這裡也有加了培根、起司、蔬菜和蛋類的料理類可麗餅。距離用餐時間還早，就點了草莓可麗餅＋咖啡。

草莓很新鮮，配上有些蛋香的薄餅，微微酸味加上香草冰淇淋和巧克力醬，融合出幸福的甜蜜滋味。

會不猶豫地進入店內，自然還是因為那精準的設計風裝潢。可麗餅好吃是重點，但視覺派的Milly不能不在意可以用美好形容詞去記憶的空間感。

若要問：一間可麗餅超好吃但是裝潢很恐怖，和一間空間設計很精采可麗餅卻很難吃的店，Milly會選哪一間？

嗯，會去那空間感很讚的可麗餅咖啡屋，然後用文字批評可麗餅糟蹋了空間（哈）！

D A
  T
L I
  S

- 左頁圖・大名區街景

- 下圖・大名區的marbre blanc Cafe

- 現代時尚風的可麗餅咖啡屋
- 讓Milly繼續付出卡路里的草莓可麗餅

K　Y
U
S　　H
U

テムジン 煎餃店

大名地區除了以年輕人為主要客層的都會風餐廳，巷弄間也會看到一些美食老鋪的分店，其中推薦可以吃到福岡名物一口煎餃的テムジン 大名店。

餃子是點餐以後才開始煎，或許會花些時間等待，但端上桌時整齊排列的小小煎餃，每口都是外皮酥脆內餡多汁，讓人上癮。

店內一人份煎餃是10個480日圓，但是最少要點兩份，兩人份即使是女生吃也不會太多，畢竟是很小的餃子。這裡的醋拌腸子和烤雞翅也是推薦。

1963年開業的テムジン光在福岡就有11間以上的分店。有一間是吃了就會不孝的店。玩笑話，只是分店名稱是「テムジン親不孝通店」讓人不禁作此聯想。

煎餃店的Logo是蒙古兵模樣，讓人摸不清道理。

查看資料，テムジン就是鐵木真，蒙古王朝第一個皇帝成吉思汗的本名。原來真的跟蒙古有關呢，難不成是因為絞肉用的不是豬肉而是牛肉的關係？

不過，名稱不重要，好吃才是重點。

一口煎餃的內餡是以「牛肉3青菜7」的比例調配而成，才會入口瞬間就肉汁滿溢又不會過於油膩。

● 福岡一口煎餃讓人上癮

● 欅木街

警固教會與BREAD JUNCTION

之後Milly從大名區塊穿出走到はやき通り（欅木街），沿著樹蔭蒼鬱的人行步道漫步。高大的行道樹自然都是以欅木

為主，可以想見當秋日葉片轉黃時，這條街道會多麼地美好。實際上，はやき通り還名列「日本路樹百景」呢。這些行道樹在1948年種植，截取了國道202的一段道路，一共種下100株以上的櫸木。路兩旁有不少咖啡屋、二手書店、麵包屋和花店，比較像是中高階層住宅區生活圈的感覺。

根據路邊的導覽地圖，附近似乎有間很有風味的警固教會，於是右轉進入巷弄轉往了警固區。
警固教會建於1929年，在當時，以鋼筋水泥為建材、外觀方正的教會設計仍很少見。
設計師是中村鎮，活躍於昭和初期的建築師。如果只是水泥牆面就沒那麼吸引人，主要還是那些攀藤植物讓建築多了表情。即使沒有特別介紹，路人也會不由得停下來多看幾眼。

外觀看起來像是孩子祕密基地的警固教會，對角有間很可愛的麵包屋BREAD JUNCTION 警固店。
首先被招牌上的插畫吸引，再窺看店內，也布置得像繪本中的麵包屋一樣。於是進去參觀（不是去買麵包？）
放入大量水果的丹麥酥、加了蔬菜的料理麵包到扎實的全麥健康麵包等各種麵包都有。或許是用料豐富，店內的麵包看起來都很鮮豔，連麵包也是繪本風格。
猶豫後選了有滿滿藍莓的丹麥酥，迫不及待就到警固教會旁的小公園享受剛剛出爐的麵包。
真好吃！外皮層層酥脆又有濕潤口感，藍莓的甜味也很適中，加上酥皮底部的奶油醬，酸酸甜甜的很順口。

離開警固教會本來想走去附近的地鐵站卻迷了路，迷路中看見了前些日子迷路時看見的筑紫女學園，一下子記憶湧現，想起順著女子學校就可以走到上次撲空的coffon 咖啡屋。果然走了不久就到了咖啡屋前，這天咖啡屋有營業，幸運地喝到了一直想品嘗的自家製

- 警固教會

- BREAD JUNCTION，
  像繪本中的麵包屋

● 高級點心屋CHOUWARI，
C'est tres bon麵包在店內寄賣

K Y
U
S H
U

水果酒，度過了以書本為下酒菜的微醺下午時光。

之後依然是走路，試圖去附近看看一年多前去過，位在和風甜品屋「萬年家」二樓的麵包咖啡屋C'est tres bon。
很遺憾地發現那曾經給了Milly愉悅時光的咖啡屋已經歇業，麵包還是可以買到，放在一樓高級點心屋CHOUWARI的一角寄賣。
不過即使是少了麵包咖啡屋，一樓的萬年家老鋪和專賣法式棉花軟糖和馬卡龍的CHOUWARI可也是大有名氣，諸多電視美食節目都介紹過，因此即使位在交通不是那麼方便的住宅區，還是很多人會專程前來採買。
這兩家甜點店除了和菓子和馬卡龍，還有很多以新口感為魅力的創意點心，才會屢屢造成話題。

帶了少許失望離開，預備走向最近的地鐵站「藥院大通駅前」搭車，就看見了marbre blanc藥院本店。一整天的散步，留下了一肚子卡路里和福岡的美味記憶。

patisserie et cafe MARBRE
· · · · · · · · · · · · ·
BLANC藥院本店
· · · · · · ·
福岡縣福岡市中央區藥院1-10-6
11:30-23:00
無休
http://www.marbreblanc.com

テムジン 大名店
· · · · · · ·
福岡縣福岡市中央區大名1-11-4
17:00-02:00
無休
http://www.gyouzaya.net

BREAD JUNCTION 警固店
· · · · · · · · · ·
福岡市中央区警固2-12-12
警固丸ビル1F
8:00-20:00
無休

CHOUWARI 浄水通り店
· · · · · · · · ·
福岡市中央区藥院4-15-26 1F
9:00-20:00
原則上無休

kyushutrip8

高千穗，神的故鄉氣氛

宮崎。

9月24日

高速公路巴士利用的小留意

9月24日，從福岡前往高千穗，之後從高千穗去延岡再轉往宮崎。這樣的工具跟以往不同，不是使用鐵道而是高速巴士。

24日至26日三天都是以巴士移動，利用一張三天份的全九州SUNQパス。

這張券可以搭乘全九州2400條以上有SUNQパス Logo的巴士。SUNQパス分為「北九州」和「全九州」，拿北九州的PASS自然無法搭乘北九州之外的路線，例如宮崎。

大部分的高速巴士都會註明要事先預約，不過這回搭乘的巴士，乘客幾乎都沒超過10人。

當然，謹慎起見，Milly是一定會事先上網預約的，有準備有保佑。

然後在搭乘前，前往巴士窗口報出預約時設定的電話號碼取票。（預約保留期限是發車前15分鐘，之後就會自動取消）

一早8:03在博多車站旁「交通センター博多」3F，搭乘往延岡方向的西鐵高速巴士，預約的是「高速 ごかせ号」。

中途在高千穗巴士站下車，預計到達延岡時間是11:35。「福岡—延岡」一天有四班往返巴士。

要特別留意的是，福岡往高千穗這段在高千穗バスセンター（Bus Center）只能下車不能搭車。

就是說只能設定當日往返「福岡—高千穗」的行程，不能到高千穗下車再搭乘往延岡的巴士。要在高千穗前往延岡必須搭乘其他巴士。

日本很多高速巴士都有很微妙的規定，像是「乘車專用」（不能中途下車）或是「降車專用」（不能中途上車）。Milly剛開始排行程時也很困惑，實際操作後也沒那麼複雜。

在巴士中心當場可以很清楚地理解要坐什麼巴士。

較麻煩的則是許多地方巴士都沒網站，有時難免會困惑。

從福岡到高千穗單程就需要3910日圓，福岡到延岡也要4830日圓。10000日圓的巴士三日券似乎划得來。

● 三日份全九州SUNQ Pass，相當划算

神話之里高千穗

● 如願買到連續三年的九州火車便當冠軍

● 在休息站買了芒果霜淇淋

根據經驗，像高千穗這類的熱門觀光區通常都不會有太好的美食選擇，於是出發前就去博多車站買好吃的火車便當，在巴士上吃或是帶到高千穗野餐。

很開心，不過是早上七點多，火車便當就開始販售，而且還買到了一直想吃的鮎屋三代，這個便當可是連續三年獲得九州駅弁（火車便當）冠軍。

本來以為只能在九州橫斷特急列車或是熊本、新八代車站內才能買到的便當，沒想到這麼簡單就在車站內買到。

真的是很熱門的人氣便當，很快就完售。這或許是一直以為博多車站沒賣的原因，因為早就賣完。

有了便當的振奮，前往高千穗的行程就更情緒高昂。

幾乎是第一次進入九州就計畫要去那神祕夢幻的高千穗峽谷，卻總因為交通動線不順暢（其實就是太執著在JR PASS的使用），每次都在中途放棄。

這回是一定要去，非去不可！也因此搜尋到巴士前往的動線。

一般來說搭乘火車前往高千穗都會先到宮崎。搭火車從福岡到宮崎要花上4小時多，然後搭乘特急前往延岡，之後再巴士前往高千穗。真是長途跋涉，這也是遲遲不能放入行程的理由。

西鐵巴士座位算是舒服，有趣的是座椅是少見的單張座椅三排的排列方式。

高速巴士的缺點自然是車外景觀較為單調，還有無法預期的塞車狀況。果然，上高速道路沒多久就塞車了。

後來到了「綠川PA」（綠川休息站）休息十分鐘，還可以下車逛逛一直都好奇的公路休息站美食區，這是受了大食客辣妹曾根的影響！

已經接近宮崎，於是買了芒果霜淇淋。

下了高速公路，巴士開始行走在鄉野道路間，開始出現郊遊氣氛。到了高千穗巴士總站，下車第一件事情當然是先把行李箱寄放好。

是夏天所以只帶了一只中小型的行李箱，像這類不是很都會區的巴士車站，要找大型行李箱的寄物櫃是很困難的。有大行李可以寄放在巴士站對面的觀光案內所，不過有時間限制。

之後跟巴士站的小姐確認了「宮交巴士」（宮崎交通巴士）從高千穗去延岡的時刻表，預計搭乘3:40的班次。接著在觀光案內所拿了張地圖，把握時間快快出發。

從高千穗巴士站走去高千穗峽谷，步行大約要20分鐘以上。走個大約12-15分鐘會先到達途中的高千穗神社，這裡有票價100日圓的接駁巴士，可以前往高千穗峽瀑布前。如果不想走路，巴士站邊就有計程車行，往高千穗峽單程大約是700日圓。

- 下高速公路後開始出現郊遊氣氛
- 前往高千穗神社可以搭巴士或計程車

高千穗神社和一條蛇的記憶

從巴士站周邊不甚熱鬧的商店街穿出，沿著筆直道路一路向前就可以到達高千穗神社。這裡的路標很有意思，不是立牌而是標在路邊長椅上。

一路上看見一些神話人物像。高千穗被稱為「天孫降臨的聖地」、「神話之里」，不同據點像是高千穗神社、國見丘、天岩戶神社都有相關的神話傳說。

如果是觀光團，晚間必備的行程就是在高千穗神社看「夜神樂」，所謂的夜神樂是供奉神靈時演奏的傳統舞樂。

沒能留下來看每晚8點開始的夜神樂表演，卻真的頗喜歡這座從平安時期留存下來，超過1200年歷史的高千穗神社。

神社被高大的山木環繞，氣氛寧靜莊嚴，神殿本身以及本殿石梯前那對威嚴的狛犬（石獅）都散發出飽經風霜的沉穩。

本殿沒有金碧輝煌的雕刻和彩飾，但細細看那雕刻和廊簷建築的神聖感，真的讓人覺得杳無人煙的清晨或許真有神仙降臨也說不定呢。

本殿後方迴廊東側的「鬼八退治三毛入野命雕像」、神社內800年樹齡高聳的「秩父杉」、可以祈福保佑夫婦圓滿家道順利的「夫婦杉」，還有「神樂保存館」，都是品味這莊嚴神社的重點。

離開高千穗神社想過搭乘接駁巴士前往高千穗峽，但時間充足還是沿著步道散

● 一路上看見的神話人物像，
上為天鈿女命，下為手力雄

● 高千穗神社，氣氛寧靜莊嚴

K　Y
U
S

步下去。

超級路痴的Milly還是出了狀況。居然走到偏路，指標上寫「九州自然步道」，顯示可以走到高千穗峽下方。

眼看沒有其他行人，但林木間的步道沁涼，走起來似乎不錯。

就這樣上坡下坡氣吁吁走著，心裡卻也一直OS：這樣的步道該不會有蛇吧！

走了5、6分鐘，眼前下一塊石階上那黑黑長長的一條……該不會是蛇……不會這麼巧吧！仔細一看，完蛋，真的是條長長的黑蛇（至少70公分以上），正躺在石階上納涼。

蛇是Milly的天敵！當場嚇傻了。一瞬間思考是不是該跨過去，無理無理，會被咬死。

冷靜後決定撤退！沿原路衝回去，不用走的用衝的。

一路還喊著「怖い、怖いよ！」本來想拍照留下證據，但是嚇得亂了分寸，根本沒餘力拍照了。就這樣，以後只要回憶起高千穗神社，一定會想到那條蛇，真是不該有的連結。（笑）

石梯前的威嚴狛犬

晚間可以欣賞夜神楽

在九州自然步道撞見大黑蛇

KYUSHU

高千穗峽其實是美麗的

被神仙化身的黑蛇（自己的幻想）嚇到，腦袋也頓時清醒，發現剛才該左轉不該右轉，沿著下坡道一路前往高千穗峽。

路旁的岩壁出現一面流瀑，站在前方被風吹過來的水氣激起一陣陣的清涼。

果然是熱門景點，不但是步道上都是人，一輛輛旅館巴士也川流不息。

比預計時間慢了許多，終於到達高千穗峽。到達時還以為那只是前往高千穗峽深處的起點，因為人潮洶湧，怎麼看都不像是印象中神祕而充滿靈氣的高千穗峽氣氛。

誰知轉身往下方一看，正是經常在圖片上看見的高千穗峽風景！身歷其境發現跟想像中不同，一點空谷幽靜的感覺都沒有，根本是超級觀光地。Milly被殘酷的事實震撼，震驚程度幾乎跟剛才被蛇嚇到是同樣的。或許是之前太期待了，冷靜了好一會才能用相機拍下高千穗峽風景。鏡頭下的高千穗峽還是很清幽，畢竟畫面中的美景是無聲的。

不過，高千穗峽就近在眼前，這解除了Milly之前一路煩惱的問題——自己一人要怎麼划船到瀑布下方觀賞美景。

高千穗峽是阿蘇噴出的火山熔岩經由五瀨川侵蝕而形成的峽谷，那沿著懸壁流洩的白色飛瀑，正是有名的「真名井瀑布」。沿著峽谷有600公尺長的步道，秋天滿山楓葉是這裡最美麗的季節。

名勝 高千穗峽

● 充滿靈氣的高千穗峽，
在鏡頭下還是清幽

K Y
U
S

本來划船遊峽谷似乎比只在上面觀賞愜意很多，可是因為受到夏季颱風的災害影響，目前能划船的範圍很小。到了真名井瀑布下端就會被防線給攔下來，不能沿著峽谷一路划上去。說是這麼說，Milly從來沒試過一個人划過船，還真怕只能在原處打轉鬧出大笑話。

終於如願來到高千穗峽，感想是這峽谷真的是壯觀秀麗。甚至羨慕起那數百數千年前，在還沒有人跡和商店時，首位發現峽谷的人，當時的高千穗峽必定是如同仙境。風景本身是美好的，似乎只要留下這樣的記憶就好。

在高千穗峽最佳觀看點石橋旁邊的公園有一間餐廳，倒也引人注意，是1955年創業至今的千穗の家 元祖流しそうめん（千穗之家 元祖流水素麵）。
站在店前看著客人用筷子夾起從竹管流下的素麵，有趣又清涼。據說這裡的流水素麵，使用的正是峽谷的清流水源。
這店家還有賣以店前清泉養殖的「ヤマメ」（小尾鱒魚）炭烤，也是人氣料理。
想吃炭烤鱒魚加流水素麵卻又猶豫，畢竟午餐早有準備，是夢幻好吃的火車便當鮎屋三代。

夢幻的火車便當，鮎屋三代

於是不多想，找了峽谷邊上的林蔭石椅，享用那香魚野餐便當。

● 千穗之家流水素麵

鮎屋三代，名符其實的九州第一火車便當

無法稱讚可愛的山豬標本

買野草莓補充維他命C

以甘露煮方式熬煮入味的香魚，一口咬下去真是滋味濃郁，有醬油香甜但不會蓋住香魚本身的鮮甜，煮得很透整尾可以連骨頭一起吃。

配菜有煎蛋捲、滷香菇、竹筍以及雜炊飯，都調理得很工夫，不得不認同這便當連續三年得到第一火車便當的實力。本來已經對日本火車便當不是那麼感興趣的Milly，將整盒便當吃到一粒米都不剩，也決定將這便當放入日本火車便當的第一名位置。

這便當是當初為了配合九州新幹線通車，花了一年時間試作而成。採用球磨川的天然香魚，下面的米飯則是混入烤香魚的醬汁一起蒸煮。吃了美味的便當，高千穗峽之旅也美好多了。

在附近小小遊晃後搭上接駁巴士回到高千穗神社，再慢慢走回去巴士總站。路途中時間還多，就進去了區域裡最氣派的建築「がまだせ市場」逛逛。一般遊客的目標似乎都是「高千穗牛肉」，Milly則買了一包200日圓，像從田野中直接摘採下來的野草莓當零食。

野草莓很新鮮，吃在口中酸酸甜甜，是旅行中很好的維他命C補充。

在擺放很多當地農產蔬果的市場收銀機旁，看見了一隻可愛的小山豬，被打扮成出來買菜的模樣。本來真的以為很可愛，但是想到那是動物標本就……

宮崎的時尚住宿VS.陌生便利店

搭乘宮交巴士從高千穗往延岡方向，車程需70分鐘以上。

在延岡下車花一分多鐘走路到JR延岡站。

本來試圖用SUNQパス前往宮崎，想想要慢慢晃去宮崎也太累了，結果還是買了JR特急車票。

特急和普通車票的差別在於特急券，就是說搭乘特急列車除了1600日圓的乘車券，要再加上920日圓的特急券。從延岡到宮崎，特急需65分。

搭乘的是RED EXPRESS特急にちりんJR九州485系，看見整個大紅車身和復古款車頭立刻讓鐵女子Milly血液沸騰，車廂地板也是Milly偏愛的黑白格子花紋。

M's Hotel Clair Miyazak

到了宮崎，同樣可以利用SUNQパス，搭乘公車在橘通１丁目下車，前去當晚預約住宿的M's Hotel Clair Miyazaki。

對這間靠近宮崎縣廳和餐飲購物鬧區的飯店滿意度很高，單人房不過4500日圓還含早餐。

除了POLA品牌的沐浴用品，女子住宿還附上很香的乳液、潤絲精、洗面乳。盥洗毛巾的品質更是近年來用過最有質感的，在商務旅館中是很難得的高品質。房間的茶包和咖啡也都是精選牌

● 有大紅車身和復古車頭的特急にちりん號

子，還附上礦泉水一瓶。房間是簡約商務設計風，床很舒適，可無線上網，電視也是高畫質。

真的是從一隻筆到水杯、水壺、牙刷的品質都特別留意的旅店。要說唯一的缺點，大概就是沒有浴缸。

不過宮崎鬧區真的很難逛，也沒什麼一眼就想體驗的餐廳。更不理解的是很難找到熟悉的連鎖便利商店。終於找到一間，居然是以賣酒精飲料為主的便利店COCO，還好依然買到了好喝的罐裝梅酒，還有超好吃鱈魚起司、燻香腸等四合一的下酒小食。將下酒小食放在旅館

品質不錯的托盤，用小小的精製玻璃杯喝梅酒。很有氣氛，又是一個可以微醺的幸福夜晚。

DATA LIST

M's Hotel Clair Miyazak

宮崎県宮崎市橘通東1-8-6
（宮崎県庁前）
http://www.ms-hotel.com

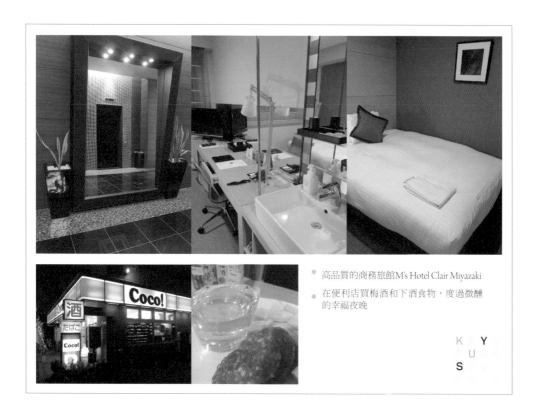

● 高品質的商務旅館M's Hotel Clair Miyazaki

● 在便利店買梅酒和下酒食物，度過微醺的幸福夜晚

KYUS

kyushutrip**9**

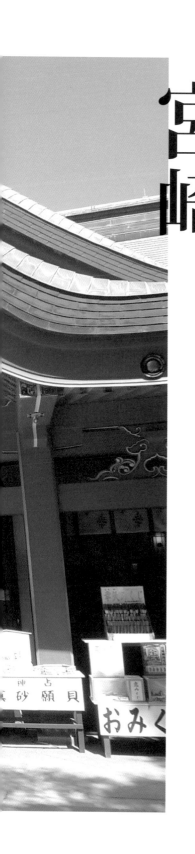

9月25日

宮崎市

青島駅

日南海岸

海幸山幸，幸福 in 日南海岸

宮崎。

在宮崎的一日早晨

選擇M's Hotel Clair Miyazaki，除了相信晚上可以好眠，還期待早晨的散步和旅店早餐。

一早起來，就可以在旅店旁的林蔭大道散步。宮崎縣廳前的林蔭大道規模不小，樹木高大氣派，枝幹伸展至道路中央和兩側。清晨時分，陽光穿過樹梢，這綠色隧道依然清涼悠靜。

旅館就位在這美好的林蔭大道的前端，一路走下去可以散步十幾分鐘，充分呼吸綠意，還可以看見樹幹間精心種植的蘭花。

的確，一到宮崎，時空就整個轉換為南國的氣氛，街道的色彩都鮮豔了起來。

尤其是林蔭大道一旁的宮崎縣廳，更種植許多高大的霸王椰子、巨型仙人掌，和色彩繽紛的熱帶花卉。

一時之間還真的不知道自己身處哪個國家呢，宮崎的風貌跟熟悉的日本景觀有很大的落差。Milly前去時，宮崎市長還是搞笑藝人出身的超知名市長東國原（現已卸任）。在宮崎縣內旅行，到處都可以看見這宮崎超級推銷員的招牌，縣廳也知名度大開，還開放給遊客參觀。

充分散步後食欲大增，來吃自助早餐。這旅館真的該好好推薦，以商務旅館來說這裡的自助早餐算很有誠意。如果跟美國的汽車商務旅館相比，這裡的早餐絕對是五星級。

除了味噌湯、白飯、烤魚和醃製小菜，麵包也很有水準。順應宮崎的熱帶氣氛，各式水果也很新鮮。

如此住宿好周邊環境佳早餐讚的住宿，可以4500日圓體驗真是「お得」。

當然，不至於為了住這旅店而專程去宮崎，但可以確定只要有機會再來宮崎，一定會毫不猶豫選擇它。

- 宮崎縣廳
- 一早在旅店旁的林蔭大道散步
- 以商務旅館而言，M's Hotel的
  早餐算是五星級

海幸山幸是旅行宮崎的動機

其實初期規畫九州旅行時，並沒有把宮崎放在非去不可的位置。

甚至偏見認定，宮崎是除了「宮崎牛」、「藝人市長東國原」、「芒果」就沒有其他看頭的南方鄉下城市。

但還是選擇了宮崎，最大的關鍵是被日南線觀光特急海幸山幸給吸引，Milly因為要搭乘這班從宮崎發車的列車，才排入宮崎一日行程。

可是實際走訪一段日南海岸，對宮崎的印象竟大逆轉。以為海幸山幸列車只是一小部分的美好，那秋高氣爽下的日南海岸南國風情，海岸邊華麗又神祕的神社，才是宮崎最大的魅力所在。

不過在分享日南海岸之旅前，還是要先說說這次宮崎旅行的動機——海幸山幸。

首先要弄清楚海幸山幸的名稱由來。海幸山幸是日本神話故事中「山幸彥和海幸彥」兩位海神的簡稱。

本來還誤解是因為列車行經山邊與海岸，所以用「山幸、海幸」象徵沿途豐饒的漁獲和農產，是「山珍海味」的意思。

後來才明白，列車是以沿岸神社的神話來命名。

當初對列車一見鍾情，勢必一乘。主要是喜歡只有兩節車廂的列車不論內外都充分利

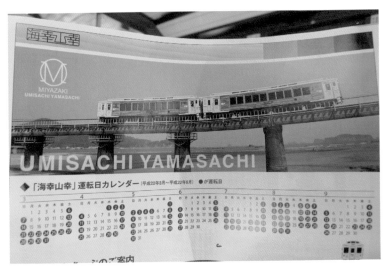

用了木材質感，木材是日南沿線山林裡最出名的飫肥杉，另外一個誘人的特色是列車會沿著日南海岸行駛。

原本預計只搭乘火車，找一至兩個停靠站途中下車小旅行。海幸山幸停靠站包括：宮崎、南宮崎、田吉、子供の国、青島、北郷、飫肥、日南、油津、南郷。

海幸山幸一天只有一趟往返，所以途中就要利用別的列車接駁。

加上想去的「青島神社」距離JR車站走路要10多分鐘，另外最有看頭的「鵜戶神宮」從油津站過去需20多分鐘車程。正在困擾時，發現了「宮交」觀光巴士加「海幸山幸」列車的完美套裝。

「海幸山幸観光きっぷ」共有三種套裝行程：全程JR往返、巴士去JR回、JR去巴士回。

觀光巴士にちなん号（日南號）附有隨車導遊，在幾處重點觀光地也會停留45分鐘至55分鐘左右。更重要的是，巴士會直接停在距神社最近的入口，解決了全程只利用JR方案的不便。

手上只有SUNQパス，與海幸山幸観光きっぷ不通用。還是在福岡買了一張，共2800日圓。不論巴士或JR海幸山幸列車都需要預約指定席，因此在購票的同時也預約好了座位。

● 日南線觀光特急
海幸山幸，是以
沿岸神社的神話
來命名

K　Y
　U
S

搭巴士遊日南海岸

Milly在JR宮崎站前搭乘9點鐘出發的觀光巴士にちなん号一路遊覽，12:25在「飫肥城下町」下車。充分散步後再走到JR飫肥站搭乘4:15的海幸山幸列車返回宮崎。

天氣非常好，藍天萬里無雲。因為颱風過境，岸邊浪濤洶湧氣勢非凡，是一個絕佳的海岸日和。

日南號巴士是純白車身，加上復古風造型，外觀相當搶眼。隨車的導遊小姐發給每個人行程表和宮交巴士別針，完全是旅行團氣氛。

巴士離開市區穿過大橋，沒多久就能看見海。後來的旅行證實了海幸山幸列車較少經過海岸線，反而觀光巴士很多時間都是貼近海岸運行，天氣好的日子視野和心情都是全然地持續舒暢。

大約30分鐘後，巴士到達青島。導遊小姐拿著小旗子引領一車15個乘客通過商店街往靠海岸的青島神社前進。

走到浮島上的青島神社，接下來是45分鐘的自由行動時間。

果然是南方海岸觀光區，光是穿過一個誇張招牌，走到賣著各式鮮果果汁及霜淇淋的冰果店，就有置身熱帶度假地的感覺。尤其是到了青島海水浴場的沙灘前，看見外國遊客拿著衝浪板，更以為自己不是在日本本島而是在沖繩島嶼度假。

● 日南號觀光巴士加海幸山幸，遊日南海岸的完美組合

K　Y
U
S

不光是水果、飲品的色澤光鮮，沿路花朵也跟著鮮豔起來，連岸邊販售的貝殼也是彩虹顏色。

青島神社

通過浮島和海岸間的日式風格大橋，再走過沙岸，穿過鳥居，就到達了青島神社。
途中一路看去都是壯觀的波紋海蝕平台，加上當日浪濤洶湧，一波波海浪打上海岸更是讓畫面魄力感十足，讓人忍不住讚嘆大自然這位藝術家所展現的鬼斧神工。

據說，在明治時期以前，青島神社還是「凡人」不得隨意踏入的聖地，漲潮時海岸和神社的往來還會被阻斷。
現在當然沒了禁忌，又建了堅實的大橋，青島神社少了神祕感，卻多了些活力生氣。
該說是太有生氣、太有活力了！完全符合南方海岸區的神社該有的熱情。
真的是可以用熱情來形容的神社，整個神社的主色是大紅色和橘色，神社邊也種植了椰子樹等熱帶植物。
不單如此，甚至連神社內的籤也是亮麗的淺藍和淺粉色，華麗而亮眼。
後來還發現，連祈求幸福的「御守」圖案也是兩株椰子樹。

對於Milly來說，青島神社最大的魅力還是站在社內往朱紅山門望去的一大片海面。
熱帶島嶼氛圍配上日本神社，畫面衝突卻意外地勾勒出一幅華麗景象。當然也會想，如果是陰雨天可能感受又會完全不同。
在青島神社可以祈求「緣分」和「幸福」。除了椰子圖案的緣分御守，還可以買這裡的特產——祈求幸福的白色貝殼「一顆心」。
整片白色貝殼都是一層層的心型圖紋，似乎真的擁有幸福力量，心型貝殼因為是將兩片貝殼合為一體，因此也可用來祈求「夫婦圓滿」。

青島神社旁邊有間面海的風味咖啡屋茶屋檳榔樹，如果是個人旅行一定會留下來用餐或是喝杯涼飲，但是跟團畢竟時間有限無法任性利用。不過，巴士觀光團真的方便很多，兩相權衡，就不能太貪心了。

回到集合的停車場看見一個超可愛的歐巴桑，推著車叫賣現切的新鮮鳳梨。因為真的太可愛，於是請求可否拍照。
滿口金牙的歐巴桑不但一口答應，還很專業地拿起鳳梨露出燦爛笑容讓Milly拍。一片鳳梨用竹籤串著，一口吃下是甜甜酸酸的滋味，理當熟悉的滋味卻意外地不熟悉起來。

- 青島神社色彩鮮豔繽紛，
  可以用熱情來形容

- 望出去是海

- 椰子圖案御守和心型貝殼

- 面海的茶屋檳榔樹，個人
  旅行可以在這喝杯涼飲

K○Y
U○○
S○H
○○U

ハート貝
2枚の合せ貝で，夫婦円満

堀切峠

離開了青島神社，下一站是堀切峠。
不過這一站觀光巴士只停留10分鐘，是
只容許瀏覽海岸和上洗手間的時間。

堀切峠之所以是日南海岸的必遊景點，
是因為它的位置相對較高，可以從高處
眺望壯麗的太平洋和被當地人稱為「鬼
の洗濯岩」（怪物的洗衣板）的沖蝕沿
岸景觀。
整段海岸公路都種植了高聳的椰子樹和
棕櫚樹，又是一處讓人心曠神怡的熱帶
海岸景觀。
展望台旁設有寬廣的停車場和休息站，
周邊種著四季盛開的熱帶花卉，也讓這
短暫的滯留行程多了些視覺愉悅。
在休息站除了利用洗手間，也可以眺望
壯觀海岸和買些紀念品或用餐，當然要
悠閒用餐還是要自己開車才行。這裡也
是依天氣決定可看度的景點，天氣好時
視野廣闊海景自然壯觀很多。

鵜戶神宮

離開堀切峠，下一站是鵜戶神宮，也是
整段行程中停留最久的景點。
鵜戶神宮位於日南市宮浦地區，面向鵜
戶崎、日向灘，在青島神社最大的不同
點在於青島神社坐落在平面沙灘上，而
鵜戶神宮則是坐落在突起的岩岸懸壁，
甚至一部分本殿更是藏身於寬廣的海蝕
洞穴內。因為位置幾乎是正向海岸，所
以鵜戶神宮也是宮崎居民每年新年觀看

- 堀切峠，可以看到「鬼の洗濯岩」沖蝕沿岸

- 整段海岸公路都是讓人心曠神怡的熱帶海岸景觀

- 鵜戶神宮

「初日」的熱門地點。

鵜戶神宮的神話也與海幸山幸有關，可以求緣結び（結緣）、夫婦和（夫婦圓滿）、子授け（求子）、安產，以往更是九州新婚夫妻一定要前往參拜的地方。
以往要到鵜戶神宮必須通過險峻的「日向七浦七峠」，也就是要越過無數海濱和峻嶺才能到達。現在已經修了便利的參道，可以沿著步道和拱橋順利前往。

即使不知道神社的歷史背景，光是實際走一回神社，體會路徑是多麼貼近波濤洶湧的怪石海岸和斷崖峭壁，神社位置有多麼險峻，洞窟內的本殿又是多麼神祕獨特，這一切已經值得。

另外，還看見有人拿東西往海岸丟。
可別以為這些人在亂丟東西汙染自然，原來這也是鵜戶神宮特別的祈福儀式，稱為丟運玉。
通常買一份五顆的運玉是500日圓（費用稱為初穗料），規定男性用左手丟，女性用右手丟。

● 鵜戶神宮位置險峻

心中祈願，然後將運玉投向海岸「龜石桝形」（也稱靈石龜石）的凹口。

丟中就能心想事成。Milly是小心者（謹慎者、膽小鬼），沒去丟，怕沒丟中反而掛心。

遊覽神社還可以留意「繪馬」（祈願木板）的圖案，居然是很可愛的粉紅兔子。

洞窟內的本殿一角更有一個「撫でウサギ」（摸摸兔？）

為什麼這裡有摸了可以祈求「病気平癒」、「開運」、「飛翔」的兔子神像呢？

原來，傳說中每個月第一個卯日是御神威最強的日子，卯在日文等於兔子，於是本殿中供奉了兔子。

基本上，這裡是可以用豐富視點切入，充分滿足好奇心的神社。

飫肥城

鵜戶神宮後，Milly選擇在飫肥城下町下車。

如此一來有了散步主題，又可以有效率地接上觀光列車的回程時刻。觀光巴士真正的終點站則是南郷駅，是可以搭乘觀光船和吃海鮮的地方。

觀光巴士的確便利，貼近觀光區又省了自己規畫交通和等車的時間。但也要特別提醒這巴士並非天天運行，原則上運行日期是搭配海幸山幸觀光列車。

所以出發前最好先上網，確認不定期運

● 鵜戶神宮本殿在洞窟內

● 丟運玉，丟中就能心想事成

● 洞窟內本殿一角供奉了兔子

行的海幸山幸觀光列車的日期表，再一併預約海幸山幸観光きっぷ套票。不過，要單獨跟巴士公司預約也是可以的。

要留意的是如果預約海幸山幸観光きっぷ套票，只能單程使用觀光巴士，不能往返都利用巴士。

飫肥的散步重點是飫肥城的城下町風情，包括15世紀建城的飫肥城、城樓周邊筆直的名飫肥杉、氣派不失典雅的武家屋敷、以白壁、格子、瓦片屋頂建築為特色建構的商人町，以及古樸建築旁清流中鯉の放流（流放養殖的鯉魚）。Milly的建議是不用想太多，直接在觀光案內所買一張附有詳細地圖的食べあるき・町あるき（有吃有玩套票），跟著套票上建議的路線散步即可。

這1000日圓的套票，包含著飫肥城、松尾の丸、歷史資料館、豫章館、小村記念館、舊山本猪平家、商家資料館等景點的入場券，也可以在39間店鋪中選擇5間換取當地傳統美食玉子燒、おび天（炸魚板）、老鋪醬油、懷舊冰淇淋等小吃。

推薦行程中可以特別留意大手門，大手門於1987年重建，採用的正式當地的飫肥杉，而且運用傳統工技，連一顆釘子都沒使用。

然後順著路線逛逛商人豪宅、古學堂、兌換おび天、烤糯米丸串、玉子燒來吃，行程有著濃濃的遊戲氣氛。

飫肥城城下町未必是很豐饒壯麗，卻是非常的悠靜又整潔。

- 飫肥城
- 武家屋敷
- 城下町風情是散步重點

據說為了保護景觀，這一區連一根電線桿都沒有，電纜全部地下化。居民禮儀端正也很友善，跟觀光客擦身交會時多會點頭示意，甚至連小學生都是如此。Milly好感心，眼睛一瞬間熱了起來。

不過還是要老實說，飫肥城下町雖是頗有情緒的風雅地方，可是搭車前將近3個小時的遊晃還是有些無聊和吃力的（笑）。

要是境內有一間風味咖啡屋就好了。

D A
T
L
I
S T

❀ 鵜戶神宮
・ ・ ・ ・

宮崎県日南市大字宮浦3232番地
4月-9月 06:00-19:00；
10月-3月 07:00-18:00
http://www.btvm.ne.jp/~udojingu/

❀ 飫肥城
・ ・ ・

宮崎県日南市飫肥10-1-2
09:30-16:30
12/29、12/30、12/31休

旅的美學讓移動不僅是移動

明明知道海幸山幸列車不是因為通過山線海線而得此名，潛意識卻還是期待著車窗外的山景與海景。

從JR飫肥搭乘海幸山幸列車返回宮崎，宛如木製玩具的兩節列車16:15準時駛進月台。
藍天之下，白色的木質觀光列車，果然是光靠外型就會引起大家的好奇和憧憬。
這正是所謂的「旅の美學」（旅行美學）？
沒錯，當交通工具不光是交通工具，移動不僅僅是移動時，美好外觀的列車，車窗外賞心悅目的景致，似乎自然地想以「旅行的美學」來作結論。

車廂內的裝潢也是大量使用木材元素，車窗也完全符合觀光列車的特質，是寬敞的大車窗，置身其中很容易興致高昂，必須每個角落都探訪一下才能甘願就座，是容易讓大人恢復童心的度假情緒列車。

日南線一開始幾乎都是山線，直到快接近青島站才出現一大片讓人驚呼的海景。
列車此時會放緩速度，讓乘客能充分觀賞這段鬼の洗濯板海岸景觀。

要順便一提的是，本來一直以為列車是全車指定席，實際搭乘後發現兩車廂都設有兩個free的木沙發座。當日是連休假日，有些乘客買了自由席車票，或坐或站在那沒劃位的座位區。
不過真是客容量很小的觀光列車，兩車廂加起來不過51個座位，想舒服旅行的話還是建議事先預約。

青島站下一站很特別，站名叫做「子供の国」（孩子國？），據說站名本來是「青島溫泉駅」，1939年才改名為子供の国。
查了資料，發現名稱和兒童福利沒什麼關係。也許是因為這裡靠近青島海水浴場，車站周邊有很多南洋風情的度假旅館，適合親子共遊（？）
之後列車通過田吉、南宮崎，於5:21到達JR宮崎車站。

● 列車只有兩節車廂，內外的木材使用的是日南沿線的飫肥杉

宮崎地方味覺記憶

出國前已經透過網站預約宮崎到熊本的高速公路巴士，使用的依然是三日的SUNQ パス。

預約18:27出發的班次，還有一小時，逛了南國風的宮崎名產店後時間還很充裕，於是選擇了宮崎站內的地方料理居酒屋八代目去吃稍早的晚餐。

除了芒果軟糖等甜點小食，宮崎牛也是大大有名，2010年因為口蹄疫等傳染病，宮崎牛面臨了一次大危機。除了牛肉品牌，宮崎的雞肉在日本也小有名氣。

宮崎的特色料理包括冷や汁定食（醬汁以新鮮黃瓜切片、碎魚肉、自製味噌加入冷高湯料理而成，搭配熱白飯）、チキン南蛮（炸雞塊淋上南蠻酢和塔塔醬）以及將切塊雞肉以炭火烤得黑漆漆的地雞炭火燒。

Milly在福岡的「ぐんけい」分店品嘗過以炭火快烤的地雞炭火燒。不是不好吃，但賣相真是無法引起食慾，更何況硬是將新鮮的雞肉薰上一層炭灰，似乎不是很健康。

而將冷冰冰的湯汁淋在飯上的冷や汁定食，Milly怕旅途中壞了肚子，於是好奇歸好奇，還是謹慎地點了最安全的チキン南蛮。

真的很好吃，是會讓人食欲大開的料理，去骨的雞肉塊油炸過後外皮香酥，雞肉還是鮮嫩多汁，加了醋和塔塔醬讓風味有所變化，也減低了油炸食物的油

在福岡吃到的宮崎特色料理，地雞炭火燒

チキン南蛮，讓人食欲大開

● 宮崎的特色料理冷や汁定食

● 夜宿天然溫泉 六花の湯 ドーミーイン熊本，
 晚上有免費的現煮拉麵

膩感。

是很推薦給小朋友的一道料理，基本上
Milly也是很小朋友口味的（明明是熟女
哩）。

而後搭乘高速巴士前往熊本，一路還算
順暢，依時刻在晚間9點半到達熊本巴
士交通中心，預計在此住宿兩日。

第二天一樣要利用巴士前往黑川溫泉，
因此遷就巴士中心選擇附近的旅館。

剛好巴士中心南口對面有間新開張的天
然溫泉 六花の湯 ドーミーイン熊本，
於是毫不猶豫就預約了。

真的很近，旅館離巴士中心不過是一個
斑馬線的距離。

旅館內都有很大的浴場，頂樓空間可以
泡溫泉，還有很舒服的室內服，是消解
旅行疲勞的好選擇，房價也不高，一晚
約7000日圓。

而且，晚上在Lobby還有免費的現煮拉
麵，可以當做消夜。

D A
T
L I
S T

◎ 天然溫泉　六花の湯

　ドーミーイン熊本

熊本県熊本市辛島町3-1
http://www.hotespa.net/hotels/
kumamoto/

kyushutrip10

體驗黑川溫泉的山里旅店風貌

熊本。

黑川溫泉

熊本

宮崎

9月26日

熊本城很重感情

來到熊本當然一定要去那已經迎向400年開城紀念的熊本城。

Milly對日本城沒有絕對的興致，除非是在行程中找不到其他更想去的目標。可是記憶中居然已經去過兩次熊本城，或許緣分不同。

初訪熊本是在一個大雨天，那時熊本城還在整修中。4年後再次前往，熊本城已經大整修完成，以全新的光鮮姿態呈現。

說是完工倒也不盡然，根據資料，熊本城第二期的「復元整備計画」預計在2017年完成。

花500日圓入場，就可以看見花費近百億日幣翻修，2009年底完工的「本丸御殿」、「天守閣」、「數寄屋丸」、「宇土櫓」，特別的是城內空間都可以任意拍照，熊本城果然比其他日本城有國際觀。

本丸御殿內有色澤華麗的壁畫，主題居然是描繪王昭君出塞的「昭君之間」。天井的植物繪圖畫功也非常精細，值得細細品味。

城區內，裝扮成戰國武士的人員穿梭其中供遊客拍照，尤其受到歐美遊客歡迎，興奮連呼「Samurai」！

此外，久違的熊本城還有一個讓Milly印象深刻的景象，就是掛滿天守閣城樓中的木名牌。

原來是名為「一口城主」的募金計畫，只要捐出一定的金額，捐款者就能成為城主中的一員。日後進入熊本城時會更有認同感，因為某一節木柱或是壁畫中的某朵花是自己貢獻的。

只要有捐贈，名字就會被永久紀錄在「永代帳」，捐贈一萬日圓以上會先獲取一份「城主証」，然後名字會被寫在「芳名板」，展示於天守閣內。

- 已有400年歷史的熊本城
- 城區內可以和戰國武士拍照
- 殿內華麗的壁畫，主題是「昭君之間」
- 捐贈一萬日圓以上就能成為一口城主

神社的玫瑰浪漫

這次是上午就要離開熊本前往黑川溫泉，自然趕不上熊本城開城時間，只能趁著晨光還溫柔，從旅館漫步前去，沿著城郭周邊散步。

意外發現了一處以往沒留意到的浪漫角落，坐落在熊本城本丸背後石垣下，一個很玫瑰花浪漫的熊本城稻荷神社。

熊本城的稻荷神社被當地人暱稱為「白髭さん」（白鬍子先生？），被熊本城建城城主加藤清正命為熊本城的守護神社。

神社保佑範圍非常廣泛，舉凡「商売繁盛」、「恋愛成就」、「合格祈願」、「開運厄除」、「家内安全」、「芸能上達」等等。

那跟浪漫玫瑰花又有何關連？如果真要聯想自然是與「恋愛成就」有關，其實玫瑰浪漫是Milly自作主張的情緒附加。

● 熊本城稻荷神社

Milly先發現了神社角落的水手舍（供參拜者淨身用的水池）有兩隻疑似貓咪模樣的土雕出水口。

近看似乎不是貓咪，如果是稻荷神社，自然是狐狸才是。

再一看，放著水瓢的池內居然浮著一朵朵色澤粉嫩的玫瑰花。明明擔負著守護熊本城的工作，怎麼可以有這樣女性化的配置（笑）？再留意一看，在狐狸水柱中央還貼了「宣言」。

是寶塚歌劇團訂下的「醜女的25個特質」：沒自信、沒笑容、不稱讚食物好吃、容易為小事受傷……真是一大串呢。

循著玫瑰線索繼續觀察，原來神社內還販賣玫瑰色的霜淇淋。而最讓人興奮的發現則是那神社前的大樹，被美麗的玫瑰花浪漫地攀纏著。

玫瑰花和神社，真是不甚協調的畫面，可是卻在早晨散步中給了Milly愉悅的浪漫情緒。

- 狐狸造型的水手舍，中間貼的是寶塚歌劇團訂下的「醜女的25個特質」

- 神社的玫瑰浪漫

K Y
U
S H
U

黑川溫泉不直達最適切

當初決定買全九州SUNQパス，主要是為了更順暢地從福岡前往高千穗，另一個關鍵則是因為巴士是前往黑川溫泉唯一的大眾交通。

黑川溫泉可以從別府或湯布院出發，都是利用行經「熊本—別府」的「九州橫斷巴士」，當然，從起站熊本出發也是一種路徑。

隔日要從熊本搭乘SL人吉觀光列車，因此計畫從熊本當日往返黑川溫泉。

九州橫斷巴士主要的停車站是「熊本—阿蘇—黑川—湯布院—別府」，一日有四個往返班次，其中從熊本出發的「あそ1号」是觀光巴士的套餐，中途會下車和用午餐，費用是6450日圓。從別府發車的則是「あそ2号」。

Milly當日行程的往返時間是：
08:40熊本交通中心、11:04黑川溫泉；
17:26黑川溫泉、19:50熊本交通中心。

若照行程走，Milly在黑川將停留近6小時，實在太長，泡溫泉無法消磨這麼久。於是決定之前先在「南小国町役場前」巴士站周邊找間咖啡屋，之後坐計程車去周邊的森林餐廳用中飯，之後再坐計程車前去黑川溫泉。

在巴士班次很少的地區，短路線利用計程車連結也是變通的方式，能讓行程更豐富。

● 在巴士少的地區利用計程車讓行程更豐富

■ 南小国町役場前巴士站

KYUSHU

茶菓屋 林檎の樹

在黑川溫泉前兩站「南小国町役場前」下車，按計畫去站牌附近的咖啡屋林檎の樹（蘋果樹），正確來說是「茶菓屋 林檎の樹」和「パン工房Aso」（麵包工房阿蘇）合併的附設咖啡屋，店內可以買到各式天然酵母麵包和人氣蘋果派，在咖啡屋更可以吃到各式蘋果甜點和名物「蘋果咖哩」等料理。

當Milly一個人從巴士下車，還真的有些迷惑，擔心自己是不是又被導覽書「過於樂觀的地圖」給戲弄了。因為下車後放眼看去，除了孤伶伶的站牌、站牌對面的區役所和田野，別說店家，連個人影都沒有。
絕望時瞥見一間古民家建築，更開心地發現建築前種植的不正是一株株結實纍纍的蘋果樹？

原來那正是咖啡屋後方，再走幾步就會看見掛上蘋果顏色暖帘的店面。光看資料原本對這裡並沒有太大期待，可是當見到氣派老屋周邊一株株結滿果實的蘋果樹，心情瞬間亢奮起來。Milly對於結實纍纍的果樹是無條件大愛，更何況是最愛的蘋果樹。

旅路

茶菓房 林檎の樹

* 茶菓屋 林檎の樹
* 一排和紙簿都是客人的留言本
* 蘋果起司配有機咖啡

K Y
U H
S U

厚重的古民家建築跟蘋果的甜蜜感有著矛盾的共存感。店內的桌椅都是採用當地80至100年樹齡的小國杉。天井很高，厚重的梁柱被圍爐薰得黑漆，擺設的骨董和鋼琴也都是以沉穩和風為主張。

座位後方放著一排讓人好奇的和紙簿，似乎是客人留言本。以留言簿的冊數來看，可以窺看店家受歡迎的程度和年代的久遠。查了一下，似乎已有20年以上的歷史。這時忽然回想起來：之前在宮地吃到的人氣咖哩麵包，正是來自這間林檎の樹共同合作的店家。

在熊本市區也可以買到林檎の樹的各式蘋果甜點和麵包，但是自然還是在這地方鄉野中才能充分享受氣氛。

Milly不是那麼喜歡蘋果派，於是點了蘋果起司蛋糕，配上店家推薦的有機綜合咖啡。

寬敞的空間讓人自在放鬆，度過一段旅途中的愉悅時光。

咖啡屋除了寬敞，樓上樓下的表情也不同，占據一個自己喜歡的角落，或許是在享用蘋果甜點之外的另一種幸福。

享用了幸福的蘋果空間，Milly請店家叫計程車，準備前往森林餐廳。

等車時看見不少客人都是開車前來，果然要在交通不便的山林間自在旅遊，開車才是正道。

還看見對角有間看起來不錯的Tea room 茶のこ，是可以購買手工雜貨和喝茶的地方。

「林檎の樹」與「Tea room 茶のこ」各具風味，時間有限只能選擇一間。

「下次吧！」但是下次何時能再來還真是未知。

也許是在9月下旬至10月間吧，才能看見店前一株株豐收的蘋果樹。

● 對角的Tea room 茶のこ，決定下次再來

cafe 森の時間

是一間美好的森林咖啡屋。

在導覽書看見「森」字就已經神往，無論如何都想探訪。圖片中某些餐桌就設在林間，彷彿在野餐，食材更是採用地產地消的有機蔬菜。在看見介紹的瞬間幾乎就決定了，不論交通多麼不便都要前往。說起來，在資訊不足班次又異常少的巴士站下車是很冒險的事情，但是Milly實在神往，於是甘於冒險。

在南小国町役場前10:53下車，下一班車是12:03，如果景點真的不如預期，就會在此地浪費一小時多。

好在一開始就對林檎の樹相當滿意，更增添了對森林咖啡屋的期待感。

向林檎の樹詢問了森林咖啡屋的方位，似乎可以走路前去，但為了珍惜悠閒的時間也怕迷路，還是請店家叫計程車。實際前往計程車費約700日圓，走路起來可能有些距離。

資料上的咖啡屋名稱是參拾六番，實際前去才知道原來「參拾六番」是這區塊的總稱。2009年11月，花園餐廳改名為cafe 森の時間，老闆沒變，空間沒變，似乎只有部分菜色不同了。實際享受了森林咖啡屋的時空，以為現在的店名更貼切些。

如果可能，真想只用大量圖片去呈現咖啡屋的美好，文字在這美好時空中也只是辭窮。忍不住想將每個角落都拍下來，每個空間都想分享。如果心目中有「理想的森林咖啡屋」存在，一定是如此模樣。

置身其中，心情自然放緩下來，時間變得完全不重要，享受著這以風、光和森林所醞釀出的非日常幸福。

焦急是這裡的「禁忌」，該說禁忌、煩惱、貪心、煩躁等字眼根本就不該在此出現。

來得早，占據了戶外林間座位，一個人奢侈地獨占四人桌位（你瞧，不就又貪心起來！）

晚來的客人大多要等位置。（其實當天室內還有空位，但是天氣太好，大家寧願等戶外座位。）

用餐空間分為戶外露天座位、有火爐和書架的室內座位，以及可以事先預約、有如秘密基地般的閣樓個室。

咖啡屋主人細心地立了牌子說明：希望大家能盡情享用林木環繞的空間，可是為了維護自然生態，屋外不使用任何殺蟲劑和農藥等有害物質。於是，用餐空間「偶而」就會出現小蟲，有時枯葉和樹枝也會掉入餐盤。如果介意，建議在室內用餐。

Milly是沒用的都市人，很怕小蟲和大蟲（蛇！）。但是貪戀風、光線和樹梢，怎樣都要選擇露天座。

● 森の時間，完全符合心目中
  對森林咖啡屋的想像

KYUSHU

其實店家貼心點了有機的蚊香，多少有些驅蟲效果。

Milly點了1200日圓的當日有機蔬菜午餐套餐「旬の小国野菜のペペロンチーノ」。（小國時蔬辣椒）
上餐的速度也很悠閒，空檔時間可以愉悅地在角落探險。
喜歡廚房前擺放的蔬菜，隨意插放的野花，發出劈哩叭啦燃燒聲的火爐，還有火爐旁的露天吧枱座位。
如果自己開車前來，伴著爐火淺酌一杯紅酒……啊，該有多美好！
Milly沒開車，但是小奢華地請計程車在一旁等待，以便餐後前往下一個據點──黑川溫泉。跑郊區的計程車多數願意等待，這點可以放心，司機在客人用餐期間可以小歇。計程車使用方式通常是在車到達後先付來程車費，之後搭乘時再重新跳錶。Milly因為喜歡「偏遠」、「山林間」咖啡屋，這樣利用計程車已經很純熟了。

20分鐘後餐點送上，一樣是超乎預期。濃郁的南瓜湯、清脆鮮甜的蔬菜沙拉，連愛吃肉的Milly也大大稱讚。辣味蔬菜義大利麵更有不輸大都市餐廳的水準。在新鮮空氣下，有機蔬菜料理更讓人食欲大振。非常幸福的用餐經驗，非常美好的森林時間。午餐沒有附咖啡和甜點，也想留些甜點空間給黑川溫泉的咖啡屋，就暫時忍了下來。

此處的資料不是很詳盡，也沒有網站，建議以「参拾六番」進行搜尋。

果然是隱密咖啡屋的邏輯，等著有緣人翻山越嶺專程前來。

● 小國時蔬辣椒套餐，水準不輸大城市

茶菓屋 林檎の樹
· · · · · · ·
熊本県阿蘇郡南小国町
赤馬場137共楽園
10:00-18:00；六日10:00-19:00
週四休

cafe 森の時間
· · · · · · ·
熊本県阿蘇郡南小国町赤馬場2344
11:00-17:30
週三休

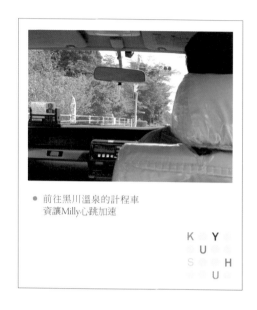

● 前往黑川溫泉的計程車
　資讓Milly心跳加速

KYUSHU

離開美好的森林餐廳，往黑川溫泉出發。

Milly真沒想到短短距離的計程車資會這麼高。以「南小国町役場前—黑川溫泉」約11分鐘的車程判斷，車資大約是1000多日圓。結果，計程車在山路穿梭，Milly的心跳速也跟著跳錶速度不斷攀高。

真是不能輕忽山路車程。如果不是因為沿路什麼都沒有，Milly真想喊「停車」！結果花了2900日圓，很壯烈。不過同行人多，倒還可以接受，畢竟這樣就不用在黑川溫泉滯留太久，是讓行程更豐富的選擇。

到達黑川溫泉入口接近下午兩點，估計在搭巴士返回前可以悠閒停留約三個半小時。
因為湯布院溫泉鄉，Milly曾多次路經黑川溫泉，真的踏入卻還是第一次。有幾次排入行程，最後還是沒能成行，因為多半是使用JR PASS，就不太甘願多花數千元巴士票前往黑川溫泉。
這回手上有張SUNQパス，自然義無反顧地前往。
事實上，出發前原本已經訂好黑川溫泉兩食一泊13000日圓上下的住宿，是評價上頗受單身女子歡迎的「ふじ屋」。可是後來因為機票更動，於是改為熊本當日往返。

實際體驗過憧憬已久的黑川溫泉，感想是，可能因為位置偏遠，讓這裡多了觀光地湯布院已經遺失的幽靜，整體氛圍也很一致，看得出維護的用心。但是周邊沒有想像中寬闊，店家也意外地不怎麼豐富。
以為當日往返已經很充分，未必要留宿。大部分的黑川溫泉旅館都集中在同一地區，但少了有質感的住宿選擇。當然這只是Milly的個人意見，或許住宿過後，清晨中悠靜的空氣會帶來不同感受也說不一定。

實際上除了觀光團，大部分遊人也多是選擇當日往返。
重點玩法是利用大人氣的入湯手形（泡湯券），盡情在黑川溫泉境內的風情旅館泡湯。

● 黑川溫泉區

● 在黑川溫泉區散步

K Y
  U
S   H
    U

據知入湯手形以小國杉製作，售價1200日圓，可以在境內28間旅館中任選三間純泡湯用。22年前推出以來已經賣出超過兩百萬張。

いこい旅館

不過，Milly逆向操作沒有購買，只選擇いこい旅館，花了500日圓的泡湯料。其他時間就用來悠閒散步、吃甜點，享用咖啡時光。以為連泡三次溫泉會頭昏，也少了些悠閒。

至於為什麼選擇いこい呢？倒不完全是因為いこい常上人氣旅館排行榜，也不是因為它是黑川溫泉區唯一獲選日本名湯秘湯百選の宿的旅館，當然更不是為了這旅館有「露天混浴風呂」，而是一眼就喜歡上它的氛圍。
以為是很有風情又有情緒的旅店。不過也不諱言，旅館前優雅復古的立牌上「女性專用露天風呂美人湯」的美人字樣很誘人。
露天溫泉不能拍照，可惜不能分享。

不過真的頗推薦來這裡泡湯。首先，溫泉質感柔順，洗完真的會有皮膚變好的「錯覺」，山壁間的溫泉池頗有味道，扶著竹欄杆的立湯設計也很有趣。
此外，置身旅館玄關前煙氣瀰漫的地爐空間，就像處在時空停滯的美好山間農家，一個無憂無爭的世外桃源。
玄關前樹下放著木椅，供泡湯客人小歇納涼，一旁還有情趣的寫意金魚缸、熱

● いこい是黑川溫泉區唯一獲選「日本名湯秘湯百選の宿」的旅館

呼呼煮沸中的溫泉蛋，以及以清泉冰鎮的懷舊風蘇打汽水。

完整的演出、不做作的自然風情，也難怪旅館總有拿著入湯手形的遊客絡繹不絕前來。因為大人氣，所以若是假日要有排隊和稍稍混亂的心理準備。

當然旅館也提供住宿，為了優惠住客，館內大部分溫泉池都是住客專用。

大致來說，黑川溫泉鮮少大型觀光旅館或時尚風旅館，「林間民家」、「山里風情」的純和風是一致的風格。

或許是統一的山里旅店風貌，散步其中容易讓人忘卻城市喧囂，一下子放鬆起來，進入非日常的慵懶。

ふじ屋

Milly原本預約住宿ふじ屋，特色是摻入懷舊風情、洋風的住宿空間，和以動漫「千と千尋の神隱し」為主題的「千尋の湯」，廣受女子青睞。更重要的是，旅館推出適用單身女子的「專案套餐」，在眾多黑川溫泉旅館中建立了獨特風格。

在黑川溫泉境內散步，很難不注目的還包括以有頂木橋連結溫泉鄉的「山の宿新明館」。

DA
TA
L
ST

いこい旅館
· · · ·
熊本県阿蘇郡南小国町
黒川温泉川端通り
24小時皆可入內泡湯
http://www.ikoi-ryokan.com

ふじ屋
熊本県阿蘇郡南小国町黒川6541
08:30-21:00（外來客泡湯時間）
不定休
http://www.ryokan-fujiya.jp

● ● 原本預約住宿的ふじ屋　　　　　　　　　　　● 山の宿新明館

黑川溫泉的甜品很多彩

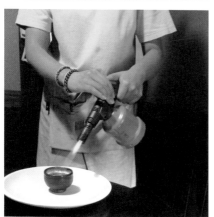

- 白玉っ子甘味茶屋色彩粉嫩的蜜豆冰
- 小小焦糖布丁的製作
  過程很有氣勢

除了住宿旅館和入湯手形，黑川溫泉近年之所以名列人氣溫泉鄉，境內自然還有些特色咖啡屋與菓子屋。

白玉っ子甘味茶屋

Milly出發前就決定嘗試的甜點與店家包括：白玉っ子甘味茶屋以阿蘇糯米粉作成的和風湯圓，以及お宿玄河食事喫茶うふふ的焦糖布丁。

白玉っ子甘味茶屋的生意最旺，也難怪呢，店裝潢未必搶眼，但是一顆顆湯圓色彩粉嫩，漂浮在和風風味瓷器中，可愛模樣真的很難抗拒，而且每份甜品分量不大，很適合泡完溫泉後的卡路里補充。

お宿玄河食事喫茶 うふふ

河岸上方新明館入口旁的お宿玄河食事喫茶 うふふ，焦糖布丁分量同樣小巧，不過製作過程卻很火爆也很有氣勢。

點餐後，店員送上土瓷咖啡杯裝的名物布丁，然後拿出噴槍對著布丁開火！小小布丁上開始出現脆脆的焦糖。

敲開宛如玻璃的焦糖，裡面是軟滑香醇的布丁。苦中帶甜的焦糖配著香醇布丁入口，真是頗有風味。焦糖製作過程華麗又很誇張，但布丁真的很小一份。

真的想建議店家，價錢提高也可，加大布丁會不會更有魄力呢？

Patisserie麓

另一間讓人好奇的店家，是黑川溫泉的人氣甜品屋Patisserie麓。

店址在「いこ坂」坡道尾端，跟「地藏堂」平行。

其實不用刻意說明位置，來到黑川溫泉一定會忍不住進去這間店，不只因為外觀很有風味，店內的洶湧人潮自然會讓人想探頭瞧瞧。

店面不是很大，一進去就能看見專業烘焙區，剛出爐的泡芙與麵包飄出陣陣香氣。

人氣商品除了以蕎麥粉製作的「泡芙」，還包括以九州雞蛋製作的起司蛋糕、蛋糕捲和布丁等甜品。甚至有人稱Patisserie麓是黑川溫泉，不，是九州甜品界的一顆彗星。彗星會殞落吧？該說是明星！

好評不斷加上口耳相傳，Patisserie麓的糕點甚至已經成為來黑川溫泉必買的定番伴手禮。

どらどら

不過，如果問起黑川溫泉印象最深的甜品店，Milly會說是どらどら。這間和風甜品屋位在いこ坂坡道前端，人氣商品是銅鑼燒。

不單是因為銅鑼燒風味多樣，更因為這裡有貓咪店員。

黃昏時分，貓咪就躺在店前椅子上放空，一派悠閒模樣，讓人也不由得柔和起來。

數數店前兩張木椅共躺了四隻貓。銅鑼燒是小叮噹的愛物，小叮噹是貓，賣銅鑼燒的菓子屋與貓，合理出現美好連結。

店家有自己的blog，據知黑川溫泉的銅鑼燒最早是出自黑川溫泉旅館的女將。女將企圖創作出符合黑川溫泉形象的新名物，花了一年時間嘗試包入葛粉條、麻糬等材料做出了漢堡風羅鑼燒。
不過出乎意料地，黑川溫泉的新名物地位卻被後來闖入的Patisserie麓的洋風泡芙搶走。

除了Patisserie麓和どらどら，黑川溫泉的知名店家還有賣馬肉馬鈴薯餅和霜淇淋的湯音，和賣醃菜的つけものやのおつけもの。
有趣的是，つけものやのおつけも原本販售以阿蘇蔬菜製成的醃菜，卻因為附設的EREMO專售以小國牧場牛乳製成的濃郁冰淇淋而大人氣。醃菜和冰淇淋，真是微妙的連結。
此外，許多店頭都有沁涼的彈珠汽水和

啤酒，可以在店前的風情座位小歇，喝喝解暑飲品。

天空飄起小雨，接近回程的巴士時間。黑川溫泉內遊客漸漸離開，畫面換幕，主角換成穿著浴衣的住宿客，穿著木屐走在石板路，旅人發出喀答喀答的腳步聲，在暮色中拿著入湯手形開始泡湯泡湯的溫泉三昧之旅。

- Patisserie麓是九州甜品界的一顆彗星
- どらどら的人氣商品是銅鑼燒

K Y
U
S H
U

D A
T A
L
S T

白玉っ子甘味茶屋

熊本県阿蘇郡南小国町満願寺黒川
09:30-17:40
不定休

お宿玄河食事喫茶 うふふ

熊本県阿蘇郡南小国町黒川6606
12:00-22:30
週四休
http://www.oyadokurokawa.com

Patisserie麓

熊本県阿蘇郡南小国町黒川6610
09:00-18:00
週二休
http://kurokawa-roku.jp

どらどら

熊本県南小国町満願寺
北黒川6612-2
09:30-18:00
無休

熊本馬肉還是要吃

回到熊本的旅館，不甘寂寞加上手上有張SUNQパス，於是搭車去往熊本車站，一方面看看車站附近有沒有新東西，也熟悉一下隔天的出發動線。

發現車站的大整修已經進入尾聲，不見之前的零亂。可是整體來說，沒什麼新建築和讓人好奇的商家。站內的大書店也倒了，似乎無法久留。

站前的甜甜圈店令人懷念，是五年前吧，在《超完美！日本鐵道旅遊計畫》一書的旅程中，一個大雨清晨曾在此用早餐，然後出發前往赤水、立野。

大雨磅薄下的阿蘇山鐵道之旅，記憶異常鮮明。

不過晚餐畢竟不會選擇甜甜圈。看了一下，放棄了一旁的正式和風餐廳，改吃很好奇的馬肉沾麵。

拉麵店的店名是很熊本的まるうまラーメン，直譯是「一整隻馬拉麵」，也可翻成「圓馬拉麵」或「丸馬拉麵」。

既然來到熊本，之前也吃過「馬肉香腸」和「馬肉壽司」了，憑良心說早失去對「動物道」立場也就不多矯情，依然堅持以味覺體驗地方傳統食物的原則。於是甚至帶些興奮地進去了這間拉麵店。

招牌拉麵當然是熊本拉麵，心想上面的叉燒不可能是「馬肉」吧！看了推薦圖片有馬筋拉麵以及炸馬肉塊的沾麵。

沾麵的蘸醬是日本近來大風行的辣油，心想可吃到馬肉又有辣油，一舉兩得，就點了季節限定的「うま唐ざる麵」。

食べるラー油（可食用辣油）真是開味，不會太辣太油，是很清爽的新滋味。炸馬肉感覺跟雞肉很類似，口感介於雞肉和豬肉之間，至於沾麵的咬勁則是及格邊緣。

不是網路風評特別好的拉麵，不過如果是簡單果腹或當消夜也沒那麼糟糕。對馬肉好奇的人可以放膽一試。

● 點了炸馬肉塊的沾麵，配上辣油真是開味

D A
T
L
S T

● まるうまラーメン

熊本県熊本市春日3丁目15-1
11:00-23:00
無休

番外篇

熊本可以這樣玩。

熊本美食拉麵和馬肉是重點

旅行九州幾乎每次都會住宿熊本，也幾乎每次都將熊本設為接駁點。以為九州的熊本就像北海道的旭川，是連結周邊湯布院、阿蘇山區、赤水溫泉、天草群島等地區的絕佳中間點，但城市本身沒有太大特色，也沒有好逛的消費區。

熊本市區除了「熊本城」，可以引起旅遊情緒的景觀似乎也只剩下穿梭街道上的電車。

美食方面，熊本拉麵、馬肉是重點，可是很多人聽到馬肉還是會卻步，即使披上了美麗的「櫻花肉」之名，馬肉還是馬肉。

另一個很熊本特色的芥末蓮藕，一種將蓮藕塞入芥末裹粉炸的鄉土料理，Milly主觀以為味道太個性，外地人應該不容易接受。

不過太平燕料理可以找間店吃吃看，或許有人會以為不過是海鮮粉絲麵。Milly推薦熊本城附近下通り商店街內的「紅蘭亭」，順著觀光路徑遊覽熊本城後去嚐嚐或許是不錯的連結。

很難從字面猜測「太平燕」的口味。原本是中國福州的地方小吃「燕皮餛飩」，熊本華僑因為思念家鄉口味而做來吃，不知為何演變至今燕皮和餛飩都不見了，反而多了粉絲，成為海鮮粉絲麵的模樣。

太平燕，難不成是指太平凡的燕皮餛飩？（笑）

有一說是太平燕料理只能在熊本吃到，甚至熊本小學的營養午餐中也會提供。不過東京一間中華料理「日高屋」似乎也強勢宣稱自己是太平燕的元祖店。

初體驗的太平燕，湯頭頗清爽，就是麻油味有些濃，湯料有墨魚和蝦仁等海鮮，青菜也很多，算是健康麵食。炸過的白煮蛋也是美味重點，這蛋有個氣勢名字叫「虎皮蛋」。

有時在旅途上吃到味覺熟悉的料理，也是一種放鬆。

● 太平燕料理有點像海鮮粉絲麵，中間炸過的白煮蛋叫「虎皮蛋」

DATA LIST

◎ 紅蘭亭 下通店
• • • • • •
熊本市安政町5-26 2F
11:30-21:30
無休

吃完清爽又意外有飽足感的太平燕料理，可以前往附近的穴場（秘密場所）——可自由運用的美好休憩空間熊本市現代美術館。

熊本美術館不用買票就可以入內看展覽，也有寬敞舒適的閱覽空間。

館內藏書很大眾化，除了美術專門書籍，還有雜誌、小說，甚至連漫畫都有，在大人的閱覽區旁也有很可愛的童書區。

利用的市民年齡層廣泛，甚至有人只是來沙發上躺著午睡。

或許熊本市現代美術館設定的宗旨就是「以衣食住的視點來表現藝術」，不想把門檻設高，希望市民能輕鬆運用。除了不定期的特別展覽外，入館基本是無料。

館內有天井很高的咖啡屋「カフェ・レガル」（Cafe Regal），也可以用餐。

如果順著熊本城的遊覽動線，可以在離開熊本城後往通町筋的路面電車站前進，然後經過郵局轉入對街的「下通り」，「下通り」與「三年坂通り」的交點就是可以吃到太平燕料理的「紅蘭亭」。吃完太平燕順著原路回到大街上找到「鶴屋百貨店」，美術館就在百貨對面。

Milly在熊本還留下了小小的遺憾，後段行程因故取消了。原本的行程是從熊本搭車去三角港搭船前往天草群島，在當地住宿吃海鮮看黃昏，然後搭船去找海豚。有遺憾才能啟動期望，應該是這樣說吧。

DATA LIST

熊本市現代美術館

熊本県熊本市上通町2-3
10:00-20:00
週二休
http://www.camk.or.jp

kyushutrip**11**

九州話題列車搭乘

熊本。

9月27日

熊本

人吉

吉松

嘉例川

鐵道女子的九州列車樂趣

9月27日，Milly開始使用在福岡出示護照買下的全九州三日JR PASS。搭乘09:41的話題列車「SL人吉」至人吉。12:13到達，途中下車小小旅行後再搭13:15的伊三郎號（いさぶろう号）前往吉松，在吉松換乘「隼人之風號」（はやとの風号）在嘉例川站下車，於站前搭乘溫泉巴士前往住宿旅館。

SL人吉是首次搭乘不免興奮期待，而車身一紅一黑的人氣伊三郎號和隼人之風號，不知不覺中已經是第三次搭乘。

一次是在《日本大旅行》一書中完成的行程。上午搭乘在博多車站發車的特急リレーつばめ到達新八代，之後換乘特急「くまがわ號」（球磨川號）前往人吉搭伊三郎號，到達吉松後立刻接隼人之風到達鹿兒島中央站。

第二回是誤打誤撞。在霧島神宮站等巴士時意外看見了另一班觀光巴士，臨時起意買了票跟著一車日本遊客去了霧島神宮、高千穗河原、えびの高原，最後在丸尾溫泉下車。在丸尾溫泉吃了利用溫泉熱氣料理的「地獄蒸地瓜」、「地獄蒸煮蛋」，然後搭乘巴士前往霧島溫泉站，就這樣接連搭乘了兩列車轉折返回鹿兒島中央站。

前兩回搭程都是認真又期待，更用了大量文字紀錄旅程。如今有機會第三次搭乘，卻有「嗯……怎麼又重複這路線」的不滿足。旅人啊，真的容易被寵壞。

SL人吉觀光列車一日一趟往返，通年運行，但是不是每天都有班次。

要掌握確定的行駛日期，還是要參考相關網站。

有SL字樣（SL為蒸汽火車頭Steam Locomotive的簡寫），列車自然是車頭會冒黑煙的老式蒸汽火車。

原來，火車行駛的「肥薩線」路線已經邁入一百年。

● 開始盡情利用全九州三日JR PASS

● 丸尾溫泉的地獄蒸煮蛋

百年肥薩線人氣列車SL人吉

Milly在日本旅途中搭乘過不少蒸汽火車頭列車，SL人吉該是目前為止滿意度最高的。依照習慣，搭乘前Milly一定會先拿相機拍下車身每個角落，然後在行駛中繼續巡禮各車廂每個角落，最後才在販賣車廂買些紀念品、限定火車便當等，慢慢享用列車的特有風味。

喜歡SL人吉，首先是車頭的設計很可愛，模樣敦厚。車身上、車廂內、玻璃窗上處處可見典雅的雕花紋路，也讓好感度爆增。

車廂內四人座椅子的花色是復古格子風，觀景車廂前端放著歐風旅店中會出現的絨布雕花座椅，略顯俗艷，但還是頗有心思。

尤其是貼在車廂最前端的小木椅，更是連大人都會放棄矜持忍不住小坐一下的特等席。

最特別的還是「SL文庫」的小小閱讀角落。不大的書架上放著各式鐵道漫畫和書籍，對鐵道迷有著致命吸引力。

不單是對成年人，對於未來的鐵道迷後備軍而言，這類列車就像遊樂園般讓人亢奮。（近日這類喜歡電車鐵道的小孩在日本被稱為「子鐵」，而因為陪孩子搭乘也喜歡上鐵道旅行的媽媽則被稱為「ママ鐵」。）

車內備有小尺寸的車掌服飾讓小小鐵道迷穿著拍照。咦，怎麼連漂亮的車掌姊姊也入鏡了呢？哈，當然是子鐵爸爸的小伎倆嘍。利用幫小朋友拍照，順便大方拍下漂亮的車掌小姐。而Milly這個鐵道女則在一旁偷拍了起來。

1909年連結「八代—人吉」的肥薩線開通，至今已經跨越了百年歷史。為了慶賀肥薩線開通100周年，SL人吉在2009年的4月25日第二度復活行駛。

第一度復活通車是1988年，至2005年8月停駛，這也是《超完美，日本鐵道旅遊計畫》行程中沒能搭乘的原因。後來在大量鐵道迷熱力請求下，SL人吉因此二度復活。

搭乘SL人吉除了乘車券還要加收800日圓的指定席料金，不過Milly記憶中，使用九州JR Pass預約時不用多付出800日圓。

09:41，列車拉起尖銳的汽笛聲，蒸汽火車頭揚起了雄偉氣勢的白煙。

SL人吉從熊本車站的0番月臺緩緩出發。說起來，這類SL蒸汽列車最動人的便是車頭冒起白煙的氣勢，也是鐵道迷最熱中拍攝的畫面之一。只是Milly是以「搭列車和途中下車旅行」為樂的鐵道迷，屬於乘りテツ，暫時都是坐在車內體驗，而非在車外拍攝

- SL人吉
- 展望車廂，最前端放了小木椅
- 子鐵，未來的鐵道迷
- SL文庫，放了各式的鐵道漫畫
  和書籍，座椅是復古格子風

K　Y
U
S　H
U

著SL列車跟大自然融合為一體的壯觀美景。

SL人吉車頭的蒸汽車頭是8620型的58654號機，聽起來好專業。
這麼說來，車廂內處處可見86數字圖案，或許就與型號有關。
據說SL人吉第一次復活期間行駛的是豐肥本線。第二次避開了豐肥本線的陡峻山路，改往人吉這段較平緩的肥薩線。

SL人吉一共有三節車廂，一號和三號是觀景車廂，二號車廂則設有販賣部。列車設計者是也負責「あそBoy」設計的水戶岡銳治氏先生。
車上銷售500日圓的人吉名物 おごっつ ぉ弁当（美味便當）。
是為了紀念SL人吉恢復行駛而推出的便當，只限列車上購買。

內容有兩個飯糰，配上小量魚肉、蛋捲和煮物。包裝用的是熊本當地的竹葉，也有環保美意。
以為是適合當早餐的便當分量，口味很清淡不會有過多的胃腸負擔、竹葉包裝又可以感受日本古代的人文形態。是這次九州旅行中，除了鮎屋三代外另一個大推薦的火車便當。
另外，在人吉車站、九州橫斷特急、伊三郎號列車上可以買到的栗めし（栗子飯）也是推薦之一。列車上另一款便當鮎すし（過魚壽司），Milly個人偏見以為腥味很重，味道又無層次，試吃後大失望。

可能SL人吉真的是目前九州的人氣觀光

● 冒起白煙從熊本車站0番月臺緩緩出發的SL人吉，是鐵道迷最熱中拍攝的畫面

● 人吉的蒸氣車頭

列車，販賣部生意好到不行。兩位漂亮車掌小姐剛開始服務時還有笑容，後來臉愈來愈臭有點笑不出來的模樣。

被這股觀光熱氣感染，Milly買便當時也忍不住買了山茶花圖案的球磨燒酎、九州車站常見的繪本風列車明信片，以及燒酎霜淇淋。

離開了熊本市街，窗外很快換成平野和田園景致。在新八代站後停靠話題車站「八代」，此站下車除了可以買鮎屋三代人氣便當，更可以拍攝月臺上「肥薩線0起點」的紀念標誌，這也象徵接下來便是肥薩線行程的開始了。

離開八代站不久，右方可以看見球磨川，球磨川是日本知名的三大急流之一，以產香魚為特色，鮎屋三代大人氣便當就是號稱以球磨川的香魚為食材。列車很長一段時間沿著球磨川行駛，那日天氣不是很好，山間的霧氣讓球磨川沿路風光多添了些幽靜之美。

列車停靠「阪本」、「鎌瀬」站後會通過一個紅色大鐵橋。據知「拍攝SL列車通過紅色大鐵橋」是很多鐵道攝影迷的熱門任務。

穿越球磨川，此時要看球磨川沿線風光就要換到左邊的位置。

短暫停靠木造風情的白石站，之後就是這趟SL人吉之旅中最熱鬧的觀光車站「一勝地」。

此車站未必有壯麗景觀或是鐵道迷非朝聖不可的配置，大人氣的原因完全是因

人吉名物便當與球磨燒酎，
便當限列車上購買

栗子飯

燒酎霜淇淋

KYUSHU

為站名「一勝地」取得好。

乘客紛紛在票口搶購對考生、運動選手有加持作用的一勝地必勝紀念車票。Milly不想花時間排隊，只蓋上車站的必勝印章，也算有達到目的。

當初無心插柳取了個福氣好名字，順應鐵道旅行熱潮，這無人車站因此繁盛起來。除了販售必勝紀念車票，月臺上也擺設當地的農產品和以一勝地燒酒，商家抓住短短十分鐘的列車停靠時間做起生意來。

離開一勝地通過了「渡」站，接下來就是終點站「人吉」。

渡車站有可以拍攝SL人吉越過鐵橋風貌的熱門拍攝點。到了春天櫻花盛開時，從渡站開往人吉的沿線山路則是最人氣的鐵道賞櫻路徑。

K　Y
U
S　H
U

・八代站，肥薩線的起點
・球磨川
・拍攝SL列車通過紅色大橋
　是鐵道迷的重要任務
・一勝地車站，沒買紀念車
　票也要蓋一下必勝印章

好山好水好人情的人吉

SL人吉的終點站人吉。

站名人吉（ひとよし）與日文中的好人讀音相同。

的確，SL列車一駛進月臺就看見人吉觀光協會的人員拿著歡迎布條來迎接。要知道這SL人吉不是第一天通車，要真誠且熱情迎接每班列車，人不好還真的很難持續呢。

在前往吉松之前有一個多小時的短暫停留時間。

蜻蜓點水般的滯留有些辜負了人吉，以為有溪流穿越的城下町似乎該用更悠閒的步調品味，而非如此匆促一遊。

基本上，在人吉觀光如果不貪心，利用九州產交巴士經營的環城觀光巴士じゅぐりっと，就可以大致完成有「九州小京都」之稱，以綠地和川流交織而成的人吉城市巡禮。

觀光巴士每日運行，一天有十班車，單次搭乘200日圓，一日券則是500日圓。

有700年歷史的人吉下町觀光重點包括：青井阿蘇神社、球磨川下り（球磨川遊船）、人吉城跡、燒酌酒藏、味噌老鋪和站前音樂鐘等。

● 歡迎來到人吉溫泉

● 人吉市有九州小京都之稱

講到人吉觀光，自然要去距離車站約5分鐘路程的國寶級神社青井阿蘇神社。一進入神社，最先被蓮花池以及蓮花池上的大紅拱橋吸引，拱橋正對著大紅色鳥居，通過鳥居走過參道，看見樸實中帶著裝嚴氣氛的青井阿蘇神社。

青井阿蘇神社於西元806年興建，神社中的「本殿、廊、幣殿、拜殿、樓門」均被列入指定國寶。從神社可看到中世紀球磨地方獨特的建築風貌、雕刻技術和桃山時期的華麗壁飾色彩。

離開青井阿蘇神社，Milly快步跨越球磨川上的人吉橋，從橋上聆賞雨中的潺潺流水聲和遠方的迷濛山色。

沒太多時間悠閒讚嘆，又得快步往「大橋」方向前去。

大橋和水ノ手橋間的石垣，便是面向川流的人吉城跡。

之前看資料時，比起國寶青井阿蘇神社，更讓Milly心儀的是那畔著川流的城郭遺跡。

說是遺蹟自然只是殘岩斷壁，因此主觀判定現在清麗姿態的城郭該是後來的還元建築。要看見真正的歷史城跡，似乎要進入到更裡側的人吉城跡公園。

能看見石垣的清麗景致已經滿足，加上滯留時間也不容許，這次還是留下了些小遺憾。

沒有前去人吉城跡，就在川邊的藏屋咖啡屋さんぽカフェ（散步咖啡），悠閒小歇。

事實上，搜尋資料時看到人吉有這麼一間風味咖啡屋時，Milly滿腦子就是「要去要去，一定想去」的念頭。

甚至想過要不要將人吉的重點主題都略過，只搭計程車前往那河畔咖啡屋就好。

可是現實是那天要住宿雅敘苑，在交通接駁考量上，不搭乘伊三郎號就無法順利到達住宿地，於是忍痛割捨了品味さんぽカフェ的行程。

不能悠閒體驗咖啡屋，Milly執念地前去看看咖啡屋，只看外觀也好。

只是惋惜感更強烈了，外觀很明顯就是Milly會喜歡的咖啡屋模式。

● 國寶青井阿蘇神社

行程緊迫讓Milly連悵惜的時間都沒有，
快快穿越水ノ手橋沿著內側的古舊商店
街返回人吉站。
還有時間，小小鑑賞了一下站前新建的
石樓音樂鐘。

以人吉城為模型建造的小鐘樓，會在
10點、12點、3點等時刻響起熊本名謠
「球磨的六調子」。
音樂鐘響起不久，Milly緩慢地以「列車
＋列車＋巴士」的方式前進當晚的住宿
地，嘉例川。

D A
T
L
S T

青井阿蘇神社
· · · · · ·
熊本県人吉市上青井町118
08:30-17:00
無休
http://www.aoisan.jp

さんぽカフェ
· · · · · ·
熊本県人吉市新町20-1
11:30-16:00；假日18:00-21:00
週四休

K Y
U
S H
U

· 人吉城跡
· さんぽカフェ
· 站前的石樓音樂鐘

一黑一紅的山嶽觀光列車

● 過魚壽司便當

有些猶豫但還是在離開前買了月臺上的人吉名物火車便當，為了跟脖子上掛著木箱賣便當的阿伯有所交會。

已經吃過「栗めし」，於是選擇沒吃過的「鮎すし」（過魚）。便當阿伯應Milly的要求對著鏡頭給了很棒的笑容。遺憾的是過魚真的不是那麼合Milly的口味，吃完後印象不佳。

有百年歷史的肥薩線居然還擁有「肥薩線利用促進存續期成會」（「期成會」是完成某目標後，活動成員自組的組織），日本真是什麼組織都有。

「八代—人吉」的SL人吉、「人吉—吉松」的伊三郎號、和「吉松—鹿兒島中央」的隼人之風號都屬於JR肥薩線。

實際上，隼人之風在「吉松—隼人」路段是肥薩線，為了方便連結都會遊客而延伸至JR日豐線，終點站設在九州南部最大的鹿兒島中央站。

這段由紅車身的伊三郎號以及黑車身的隼人之風號連結的鐵道觀光路線，Milly已經是第三次體驗。新鮮感漸失，搭乘樂趣轉換成回憶確認，以及欣賞不同天氣不同天空下，觀光路線的不同表情。觀光列車沿線有不同的鐵道主題讓遊人體驗。「人吉—吉松」的路線重點包括：大畑駅日本唯一Z型鐵軌（switchback）和迴圈型鐵軌（loop）並存的鐵道路線，矢岳駅的SL列車展示館，矢岳與真幸車站間可以眺望遠

∴ 黑車身的隼人之風號

∴ 紅車身的伊三郎號

K O Y
U
S U
H
U

方霧島連峰、韓國嶽、櫻島的日本三大車窗，還有「真幸駅」的switchback鐵軌、敲響後可以得到幸福的幸福的鐘。此外第一次知道，原來通過真幸駅就離開熊本進入了宮崎。

天氣不好，所謂的日本三大車　在雨霧下一點山影模樣都沒呈現。

車上乘客難掩失落的神情，這時Milly就在心中驕傲地說：「我看過喔！那接近100%完美的日本三大車窗。」

至於真幸站月臺上的幸福的鐘，Milly已經在三年內響響亮亮地敲了三次，應該是會大大幸福嘍。

在吉松站轉搭隼人之風號。吉松站後方是雄偉的霧島連山，站內也有一個SL展示空間。

列車行駛後經過栗野站、鹿兒島縣內最古老的車站大隅橫川站、霧島溫泉站，然後是跟大隅橫川駅同樣古老的嘉例川站。Milly在此提著行李下車，回身拍下了暮色中隼人之風號的英姿。

注：「三大車窗」指日本公認的三大鐵道車窗風景。分別位於：1.北海道，根室本線的「落合一新得」2.長野縣，篠之井線「姨捨站」3.熊本縣，肥薩線「矢岳一真幸」

● 真幸站月臺上的幸福的鐘

● 2008年1月看到的日本三大車窗

真幸駅，在此站轉隼人之風號進入宮崎縣

日本唯一的Z型鐵軌在大畑駅

矢岳駅

K Y
U
S O H
U

嘉例川的邂逅總是溫馨

在百年肥薩線無人的木造老車站嘉例川站，Milly有過兩次邂逅。

兩次都是十分鐘的短暫停留，匆匆感受這老車站沉澱的歷史氣息。

第一次停留是2008年新年，車站歷史邁入105年。很幸運地停靠時遇見了退休的榮譽站長福本平先生，穿著舊日制服迎送來往的乘客。

Milly對這樣的情境最沒免疫力，當老站長朝著離去的列車舉手敬禮，一瞬間眼睛熱熱的。

這次要在嘉例川站下車轉搭溫泉巴士前往住宿地，車站沒有那日新年期間的熱鬧，只是沉沉穩穩散發著老車站的悠閒。

這時，聽見了響亮的呼喚聲，轉身一看是隻小小的貓咪，Milly才一蹲身伸手出去，小貓咪就靠了過來，像在述說什麼似的，很努力地，甚至是討好地，在Milly的腳邊磨蹭著。

看見瘦小的貓咪張望四周，卻又沒看見媽媽的身影。

同車乘客都是要繼續搭上觀光列車前進的人，下車的只有Milly和一對情侶檔。

男的一身黑，戴著墨鏡，模樣有些中年不良，女子年輕很多，染了一頭金髮。兩人各

● 看似不良，其實非常溫柔的情侶檔

拉著一個中型行李箱，感覺像是不倫、私奔的情侶，或是躲避員警追緝的嫌犯。

乘客隨著車掌催促聲毫不猶豫地上車，小貓看著人潮離去的背影，真的讓人心酸。

怎麼會這樣呢？Milly這個異國旅人又能為小貓咪做些什麼？

不多久來了一位清掃車站的歐巴桑，Milly詢問了一下，得知小貓咪似乎是被遺棄的，已經在這裡徘徊好幾天。

Milly又是一陣難過，更氣對小貓咪溫柔撫摸後轉身離去的自己。

可是，奇蹟發生。情侶中的女子也發現了小貓。

意外地，看似不良的中年男子建議找到住宿後請溫泉旅館的人介紹附近獸醫，替小貓咪洗澡後細心檢查身體，也說到時會支付所有醫藥費。

可能的話希望溫泉旅館的人領養，如果不行再看看能不能帶回東京。

太好了！女子也很開心地聽著男子的建議。

可惜Milly的溫泉巴士就要來了，只能跟著貓咪說聲「幸せにね」。

一定要幸福喔。

嗯！一定會幸福的，Milly深信著。

是一隻為了幸福努力爭取的勇敢小貓咪。

隱約看見那蹲著照護貓咪的男女。Milly也拍下那終於一臉放心的貓咪模樣。

● 小貓咪，祝你幸福

kyushutrip**12**

郷野旅店雅敘苑度假中

鹿兒島。

9月27日

雅敘苑
嘉例川
鹿兒島中央
隼人

忘憂之里雅敘苑

● 以野花和地產食材演出的晚餐

◐ 從一鍋飯開始的早餐

◐ 未征服的晚餐和破格早餐

忘憂之里雅敘苑

雅敘苑，全名是忘れの里 雅叙苑，對於這九州的溫泉旅館一直憧憬著。

因為自從第一次知道旅店所要傳達的意念，就將旅館的印象跟陶淵明的「桃花源記」意境畫上等號。

以為這是一個隱身在與世隔絕的深山野嶺中，充分演出非日常，蘊含烏托邦精神的農村風度假旅館。

意外地發現雅敘苑跟都會頗貼近，距離鹿兒島機場不過15分鐘車程，從鹿兒島市區開車前往大約不過50分鐘。

雅敘苑隸屬妙見溫泉區，Milly個人推薦結合鐵道旅行來體驗。像這回便是一路搭乘觀光主題列車，在嘉例川站轉搭妙見溫泉配屬的溫泉巴士直接在雅敘苑下車。

當日使用的是500日圓的溫泉パスポート（溫泉護照）。三天內無限次搭乘的溫泉パスポート則是1000日圓。Milly在雅敘苑要待上三天兩夜，雖說真正運用巴士可能只是前後兩日，也似乎沒機會運用那附贈的兩張泡湯兌換券，但是為了方便起見還是買了那1000日圓的套票。（為什麼沒有更方便的二日券，是什麼計謀？）

溫泉巴士主要的停靠站是鹿兒島空港、嘉例川站、新川溪谷溫泉鄉、日當山溫泉、隼人站。

如果搭乘列車，一般建議從鹿兒島中央

搭妙見溫泉區的巴士可以直接在雅敘苑下車

站出發，搭乘「特急きりしま」（特急霧島號）在隼人站轉巴士，如是搭乘「特急隼人之風」就是在嘉例川站下車搭乘。

接駁巴士會配合列車時刻，但班次不是那麼密集，謹慎起見，事前還是要事先上網站確認。

Milly搭上溫泉巴士，跟司機買了溫泉巴士三日套票，同時還拿了一條福壽螺粉色的溫泉毛巾。

巴士在山林間穿梭，大約10分鐘後就停靠在雅敘苑的房舍斜坡前。

下車首先看見寫著「この道、にわとり優先」（這條路是雞先行）的立牌，外側馬路上也有「ゆっくりゆっくり、にわとりと車に注意」（請慢行，小心雞和車輛）的立牌。的確，雞是雅敘苑最大的住客，要禮讓尊重。不過，詭異的是，這裡的美食精華也是精選的地產土雞。

拖著行李喀啦喀啦地走下坡道，旅館總管和女服務生立刻迎上前來接過行李。Milly先在鄉村房舍圍爐邊的木椅喝茶，之後在女中的引領下瞭解第二天用早餐的位置以及川邊露天溫泉池的使用方式。最後前往房間，喝著溫柔媽媽型的女中泡的熱茶吃著點心，邊決定晚餐時間。

對於雅敘苑的第一印象是位置沒有想像中荒野，腹地也沒想像中寬闊，但是那彷彿誤闖時空停滯的美好昔日本農村的錯覺，卻是完全符合想像。

這條路是雞先行

雅敘苑依偎著天降川

雅敘苑依偎著一條有個浪漫名字的天降川，幾乎每個房間都可以看見川流和聽見潺潺流水聲。

10間客房中，有6間附設露天的源泉かけ流（溫泉流泉）。Milly住宿的房間有圍爐、高挑天井、露臺和露天溫泉，格局清楚分割出客廳、房間、入浴、陽臺等空間，幾乎只差廚房就是一個完整住家。非常喜歡客房中設有沙發的露天溫泉陽臺空間。客廳內有圍爐，可以看見挑高木樑。看見圍爐旁有被布蓋著的液晶電視時竟有些小安心，果然是現代人的壞習慣，沒電視的夜晚不曉得如何度過，明明在家時也不怎麼看電視。

不能上網。
不能也不該奢求。
畢竟是隱密山林的鄉居住宿，選擇這裡不也是為了享用那寧靜緩慢和空無與忘我！
雅敘苑的介紹文上寫著：「雅敘苑は昨日を忘れる里といい、明日を忘れる里という」（雅敘苑是忘卻昨日的鄉里，也是忘卻明日的鄉里）
可是，即使遠離城市喧囂，卻像是無法把身上的電力一下子釋放一般，還是有些浮躁。
於是為了清心更為了滿足好奇，Milly拿起相機離開舒適的房間散步去。

溫泉旅館，溫泉自然是賣點之一。主人田島健夫最自豪的便是花了很長時間將大塊岩石慢慢雕出的浴池建湯。
還有可以掛牌包場的ラムネ湯（碳酸溫泉）和溪邊的足湯。據說現在的足湯場地以前是露天的混浴湯，旅館雖然在山野間，對面還是有其他溫泉旅館，就是說如果這樣大大方方沒遮掩地在露天池泡湯，可是會被看光光的。房間外的溫泉設施都做了些細膩的設計，的確可以看出主人的用心。Milly個人卻是偏愛房內的溫泉池，對那粗曠風貌的岩石建湯，沒能提起興致嘗試。

除了溫泉設施，雅敘苑的整體風貌可以用日本的原風景來描述。
在綠意茂盛的林木包圍下，一棟棟農舍風情的茅草建築釋放出還樸歸真的純樸氣息，據說這些建築都是將百年的古民家一木一樑移建過來的。
如果光有農舍建築，那麼雅敘苑充其量不過就是「農家民宿」，但是硬加入現代設計或設施又怕破壞了鄉野情趣，分寸很難拿捏。
雅敘苑能造成話題，讓許多都會人憧憬前來，或許還是因為那隱含巧思處處可見的癒しの空間（情緒療癒空間）。
像是Milly最喜歡的角落：開放的農家廚房，就是以馬廄改建而成。廚房內放置了生柴火的大爐灶，廚師在爐灶前調理食物，旁邊是流著清泉的水池，上面放了各式新鮮的

忘憂之里，雅叙苑
建湯
可以包場的ラムネ湯
溪邊的足湯
SPA房

有機野菜。

或許是好奇太過明顯，一旁的旅館總務提示Milly如果爬得起來，一大早看大灶煮飯的過程會更有趣。

這樣一個提示，讓Milly隔日的清晨有了很美好的體驗。

廚房邊濕漉漉的石板上放置了木桌椅，和一樽讓客人用餐前小酌的冰鎮水果酒。

酒吧旁的圍爐空間也放著裝了檸檬水的陶甕，讓客人泡溫泉後飲用。

小酒吧位在茅草建築的邊側，窗戶敞開可以看見炊煙裊裊的廚房。真的是小酒吧，連座椅都像是小學生的課桌椅。

在Milly隨興遊晃的同時，旅館內的薩摩土雞全家也同樣大搖大擺地散步著，好一幅平和景象。

Milly試圖用文字去翻譯這空間釋放的言語，可是更多感覺無法以形容詞描述，只能單純去體驗，然後成為身體部分的回憶。

妙見溫泉區
· · · ·
鹿児島県霧島市隼人町
http://www.myoken-onsen.com

雅敘苑
· · ·
鹿児島県霧島市牧園町
宿窪田4230
無休
http://gajoen.jp

以馬廄改建的農家廚房

薩摩土雞一家

以野花和地產食材演出的晚餐

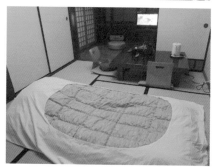

雅敘苑的房間

小散步後回到房間，泡了溫泉，接著就是期待的晚餐。

晚餐的關鍵字，「自然食＋地產地消＋野花」的風情演出。

先從風情說起吧，雅敘苑的風情就是重現日本鄉野農舍生活的原風景，一種擬日常的非日常度假設定。

除了茅草屋頂，旅館各角落都有看似隨性卻是精心插放的野花。

住宿房間內也可以看見野花野草的演出，像是迎接客人的「歡迎信」，就是寫在一片葉子上，真是很有感覺。筷子是手工竹筷，杯墊是葉片，餐桌上隨意放著野花，餐具也精彩運用了自然素材。晚餐端上的每一道菜，都像是自然寫意的花藝作品。

廚房對面的竹籬牆上掛著第二天要醃製的野菜，廚房內堆滿剛摘採下的蔬果，石板路上是旅館放養的薩摩土雞。

農家生活是自給自足的，於是這些醃菜、野菜和土雞都是晚餐食材。野菜的確是地產地消，土雞肉也是自家養殖，不過要更正一下，工作人員特別強調晚餐的雞肉不是這裡的雞，這裡養的雞基本上是寵物雞，餐桌上的土雞肉是來自旅館自家的大型養雞場。

薩摩土雞肉是雅敘苑的自慢食材，晚餐以雞肉為主食，搭配各式野菜料理。

在冰鎮過的餐前水果酒後，端上的正是不同部位的雞肉生吃拼盤。當然事前女

旅館各角落的野花

用餐像在欣賞花藝作品

晚餐每道料理都精彩

中會一再確認客人會不會排斥生雞肉。
如果真是不能接受，可以改成其他料理
方式。Milly不但不排斥還相當期待，
自從在東京新丸大樓吃過一次生雞肉後
就大大愛上甚至有些上癮，既然是自慢
料理更要細細品嚐。生雞肉就像生魚
片，只是切片較薄，有幾塊會先用水燙
一下。雞肉肉質一定要好、要新鮮，否
則難免有腥味。以這標準來看，雅敘苑
的生雞肉肉質很有咬勁又不失纖細，鮮
甜又清爽，真的很精彩，大滿足也大推
薦。

另外更精彩的是這裡的野菜料理，像是
用炭火烤過，去皮加上甘甜高湯的野菜
煮，真是完全發揮栗子、蘆筍、南瓜、
茄子等秋野菜的甘美底力。

即使是不愛吃青菜的Milly，也不能不讚
嘆怎麼能將青菜調理得這麼美味，真是
天才。

山菜燒烤、山菜天婦羅、紅燒九州黑豬
肉和超好吃的天降川天然香魚鹽烤，每
樣料理都很精彩，或許樣貌不是豪華，
但每道料理都吃得到不同層次的美味。
在美食帶來的幸福感下，忍不住又加點
了地產燒酌和自家製梅酒，就這樣，當
晚連餐前酒共喝了三杯酒。

微醺，但還是忍不住工作人員的邀約，
在餐後去了小酒吧喝燒酌，燒酌被倒入
竹筒，架在圍爐上溫熱，酒杯也是以竹
筒製成，別有風趣。

農舍風旅館，到了晚上自然月光和爐火
才是主角。搖曳的火光下，喝著微熱的
香醇美酒，聽著微微的蟲鳴，抬頭看是
山間月色……啊，果然來到世外桃源？

餐後再去小酒吧喝燒酌
雅敘苑的山間月色

從一鍋飯開始的早餐

一夜好眠，一大清早六點多起床，在房間內寬敞的露臺洗了舒服的溫泉晨浴。一身清爽，看煮飯去。

煮飯，在都市人的生活中，不過是洗洗米、按下電子鍋按鍵就能完成的動作。可是以往的農家要煮出一鍋飯，可是從種稻、收成、砍材、生火都一手包辦。因此在這以往昔農家生活為主題的旅館，自然不能缺少用大灶生火煮飯的演出。不過似乎時間還早，整個旅館內只有Milly和一大早清掃圍爐、庭園的長工。

說長工完全是Milly自己的設定演出，在雅敘苑住宿期間，Milly演出的角色可是那沒嫁出去的富農大小姐（笑）。

對了，在清晨時間活躍的，還包括一大早就「咕咕……咕咕……」地將Milly喚起床的薩摩土雞一家。

越過茅草房舍的遠方是飄著山嵐的山林，泛出玻璃彈珠般神祕藍光的天際上，還掛著一輪明月。好幽靜的鄉野風景，住宿在雅敘苑的價值此情此景最能體現。

不多久廚房有了動靜，廚師開始準備早餐，同時也以木柴熟練地生起了大灶的爐火，一旁的木桌上放著淘洗好的米和去殼的栗子。爐火時而揚起白煙，就這樣從茅草屋頂縫隙滲出，一種很迷離的景象。在等待鍋內泉水沸騰的同時，廚師調理著味噌湯和醃菜。

或許已經是熟練得不能再熟練，每天重

清晨的雅敘苑

看煮飯去

複又重複的動作，廚師光是看鍋蓋冒出的湯氣似乎就能判定米下鍋的時機。

親切的年輕廚師在將摻了栗子的米下鍋前，還給了Milly一個眼神，提醒著「這時可以拍照」。廚師調著柴火，不時也會掀開鍋蓋瞧瞧。

有時火都竄起來了，廚師小哥還是一派氣定神閒地將手伸進鍋中，一連串的演出真是讓Milly這都市土包子看得興致勃勃大驚小怪著。

意外地（或許是理所當然），30分鐘不到一鍋粒粒晶瑩的的白米飯就完成了。成不成功？不能判定，只知道如果是外行人真的很難控制火侯，很難理解什麼時候米熟了該把鍋子移開，什麼時候要繼續用餘溫燜煮。

真要說起來，看著一鍋生米煮成熟飯還是初體驗。什麼忙也沒幫上，也沒實際參與，可是不知道為什麼，當女中在早餐端上鍋中的栗子飯時，卻覺得很有成就感（笑）。當然，那白飯的鮮甜滋味更是完全超出平日的白米飯，真是異常的美味。

早餐也是滿滿一桌，聽女中說除了豆腐和烤魚外，桌上的醃菜、沙拉、煮物中的蔬菜、味噌湯的味噌、玉子燒的雞蛋、梅干，都是旅館自己生產製作的。連白飯裡的栗子都是員工從附近山林摘採回來的。自給自足在這裡不是口號，而是理所當然的生活的一部分。

烤魚上桌前，廚師會端出幾種一夜干請客人挑選。Milly挑的是這裡特產的天然香魚，肉質很細緻，是沒吃過的烤魚干滋味。

食材都是自給自足

栗子飯

早餐

未征服的晚餐和破格早餐

晚上，回到雅敘苑。在晚餐之前的時間就是真的完全的懶散放空，看看電視、泡泡湯。

雅敘苑很貼心地準備了三種鍋物作為晚餐選擇。畢竟是第二晚的住宿，吃得跟前晚一樣豐盛會有些吃不消。

即使如此，Milly選的壽喜燒鍋物套餐還是很豐盛，吃到最後連一向最愛的鍋物收尾雜炊稀飯都只能放棄。

壽喜燒的肉類有自家牧場的薩摩地雞、薩摩黑牛和九州特產黑豬肉，青菜自然還是自己栽培的有機蔬菜，而擔任重要配角的雞蛋則是牧場的超人氣有機雞蛋。

餐前的生魚片是第一次吃到的天然香魚，很清新的味道，據說好的香魚會有黃瓜的香氣，好像真是如此。

晚餐，吃壽喜燒鍋物套餐

天然香魚，散發出黃瓜香氣

K Y
U
S H
U

另外，那加入九州特產地瓜的焗烤海鮮也很有風味，即使在肚子飽脹的狀態依然以為很好吃。當然要是Milly更飢餓應該會覺得更好吃，只是那天從早餐到中餐都是如此豐盛，晚餐真是吃不消。

正是這樣，睡前就跟櫃枱商量。

第二天的早餐可不可以不要再這麼豐盛，只要有麵包、咖啡，簡單的一餐就好。

沒想到這可以說是有些任性的要求，後來卻讓Milly體驗到不同風情的愉悅早餐。

原來，社長夫人聽了工作人員轉達的早餐簡化需求，就請關連企業「天空之森」在隔日早晨送來了一份西式早餐。

就是這樣，早上Milly被工作人員引領到面對庭院的開放吧檯，看見那擺設完美的西式早餐，立刻又泛起輕飄飄的幸福感。

滑潤蛋捲配上培根、還帶著晨露氣息的新鮮青菜沙拉、天空之森自家烘焙的麵包和精挑細選的水果拼盤。配上咖啡和眼前幽靜的農舍風景，真是只能以至福來結論的早餐。

早餐後配合溫泉巴士的時間退房。離開時櫃枱人員送上社長夫人的問候信，信封內還放著雅敘苑自製的竹筷作為禮物。年輕的女服務生還貼心地送上一小束非常可愛的野花花束。這花束就掛在Milly的行李箱上，伴著Milly度過愉悅回程。

※ 在開放空間享用為Milly客製的西式早餐

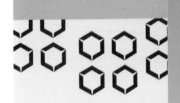

kyushutrip**13**

天空之森，最接近天空的森林Villa

鹿兒島。

9月28日

鹿兒島空港
天空之森
森林大棟
雅敘苑
田島本館

看雞看瀑布看神社看龍馬

● 一晚二十萬日幣的價值

○ OPEN在天空下的森林

○ 田島本館如此風味

番外篇：鹿兒島可以這樣玩

看雞看瀑布看神社看龍馬

在前往天空之森進行四小時住宿體驗之前，工作人員還特別開車帶Milly參觀一旁的土雞農場。

烏骨雞、薩摩土雞都飼養在大自然包圍的溪流山谷間，吃的是手工調配的發酵有機飼料，才能讓旅館料理人安心而自信地端出土雞生吃料理。當然，早餐上味道濃郁的煎蛋，也是農場的有機雞蛋。

農場的土雞和雞蛋基本上只提供給雅敘苑、天空之森，還有田島社長的祖傳家業「田島本館」內的餐廳。唯一直販農場土雞肉的櫃枱也設在田島本館旅館內。也就是說，除了田島社長關係企業，其他地方吃不到這裡的好吃雞肉。

離開土雞牧場，下一個途中下車地點是「龍馬跟阿龍蜜月旅行」路徑中的犬飼瀧瀧見台。從高臺上可以眺望坂本龍馬和妻子新婚旅行中佇留過的犬飼瀑布。

據說觀念前衛的坂本龍馬，除了對日本近代化有極大的功績，也是日本進行蜜月旅行的第一人。旅行的路徑正是從鹿兒島一路走到霧島神宮、妙見溫泉、鹽浸溫泉等地，夫妻倆也在犬飼瀑布下的和氣湯泡過溫泉。

隨著2010年大河劇《龍馬傳》播出後的高收視率，九州的鹿兒島、霧島神宮、妙見溫泉等地也順勢推出龍馬蜜月旅行路徑的觀光推薦。

從犬飼瀧瀧見台一旁的坡道開車上去，

養在大自然中的土雞，才能作成生吃料理

坂本龍馬新婚旅行行經的犬飼瀑布

則是另一處跟龍馬相關的和氣神社。

可能大家也和Milly一樣，誤解了這神社跟龍馬的蜜月旅行有關。畢竟神社的祈願繪馬木牌上的圖案正是龍馬和妻子阿龍，而且境內還寫了大大的字「日本最初的新婚旅行地，和氣神社」。

但是一旁的看板說明又承認當初龍馬和阿龍來旅行時神社還沒建立，此神社其實是跟「篤姬」相關的島津齊彬藩主有些關連。其實，即使沒有過多的歷史包裝，不用大河劇加持，這大自然山林下被巨大高聳杉木包圍的古老神社，已經有足夠的魅力讓人流連忘返。

不過，當然也可以解釋為龍馬度蜜月時或許真的走過這條和氣神社旁的山路，只是當時神社還沒建構。

被巨大杉木包圍的古老和氣神社

大河劇龍馬傳熱也傳到了神社

A
T
L
S T

犬飼滝滝見台
‧ ‧ ‧ ‧
霧島市牧園町犬飼滝

和氣神社
‧ ‧ ‧ ‧
霧島市牧園町宿窪田3986

一晚二十萬日幣的價值

享用了雅敘苑的豐盛天然早餐，接下來是期待又期待的頂級度假村天空の森的住宿體驗。

天空之森同樣位於妙見溫泉區，經營者田島建夫先生也是雅敘苑的老闆。因此，只要住宿雅敘苑就可以預約天空之森的「4至10小時的體驗行程」（純泡湯不住宿）。

度假村內，一共有五棟……嗯，以「棟」為單位實在太小看天空之森的氣勢，Milly以為用「區塊」作為單位更合宜。

度假村內有五個Villa區塊，分別是提供純泡湯的花散里、燕之巢，純住宿的天空、霖雨之森、茜草丘。

泡湯含午餐的體驗行程，單人4小時是31,500日圓、6小時是42,000日圓、10小時含晚餐是52,500日圓。一泊二食的住宿房價則是一人平均15至20萬日幣。

看到這裡大約就可以理解天空之森為何經常被日本電視節目介紹，又一度造成極大話題。它的價位真是讓人瞠目結舌。

把主人田島建夫先生花了10年時間建蓋完成的理想溫泉度假村以房價審視，似乎不是很有禮貌。但是不能諱言，價位的確是天空之森引人注目的第一印象，畢竟一晚20萬！跟一般的溫泉旅館存在極大的距離。即便是純泡湯的費用也幾乎可以住宿中高級旅館了。

或許因為價位讓人有距離感，近日雅敘苑和天空之森推出了折衷的三天兩夜方案。專案內容是住宿雅敘苑和天空之森各一晚，含早晚餐，費用是16萬日圓起。不過此專案無法住宿一晚20萬日圓的天空Villa。同時，根據雅敘苑的房間格式，價位也有不同調整。

至於三天兩夜的住宿花16萬日圓是否物超所值？可能依個人消費力或是每人對大自然的價值判定而有不同的答案了。

天空の森的氣勢驚人，15萬坪的森林腹地中只蓋了5棟Villa

天空の森

鹿児島県霧島市牧園町宿
窪田市来迫3389
http://gajoen.jp/tenku.html

OPEN在天空下的森林

Milly和許多憧憬雅敘苑和天空之森的人一樣，都是透過日本旅行節目和旅館精選MOOK認識了這兩間旅店。

透過報導，對於天空之森的模樣大約有些印象，但是實際體驗後還是不能不感嘆天空之森腹地之廣大，社長田島建夫當初的理想是多麼宏大和脫離正規。

根據一篇訪問得知田島社長建立號稱「最接近天空和大地」度假村的原始想法。社長想的是「住宿的人喜悅的模樣」，自問「為了和戀人共度美好時光，可以做到什麼？」
以為答案是和心愛的人相處的時空中不需要有外人，除了大自然什麼都不必要。
以這簡單的想法為開端，田島先生花了很多時間尋找地點，在終於找到面對霧島連峰的山嶺後，又花了十多年時間在15萬坪（相當於13座東京巨蛋）的森林中建立了以五棟Villa為主體建築的天空之森度假村，區內另外的碧海浮舟Villa則是主人的私人招待所。

車子到達天空之森的入口，度假村的經理連同一輛高爾夫球車已經在一旁等待，簡單招呼後Milly就上車進入了精心整地過後的度假村。
沿著坡道穿過山林，有時還可以從山林間看見遠方的高山連峰。到底有多大？真的是一下子抓不出概念。只知道一路上都沒看見其他人，偶爾會看見小型挖

要進入天空之森，高爾夫球車是必備工具

自家菜園

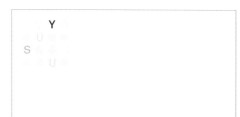

天氣好時，check-in是在草坡上進行

土車，原來田島社長的樂園想法還是進行式，度假村不斷在整理中。

山林一角有一個很大的木工場，據說這裡的建築每根樑柱都是出自這木工場，目前木工房還負責Villa維護和新設施的搭建。

路邊時而看見菜園，天空之森和雅敘苑的有機蔬菜就是來自這裡的自家菜園。有趣的是連不甚起眼的旅館大廳前也有種豆子的棚架。

雖說有大廳，但那只是下雨天時備用的check-in場所。天氣好時，入住登記會在池塘前草坡上視野更遼闊的地方進行。

一套鋪了桌布的桌椅，面對著有野鴨悠遊的水池，這裡正是提供客人邊喝茶點邊辦理入房登記的地方。

Milly享用著從山野現摘的烤栗子茶點時，工作人員就在遠處等待，絕不催促或打擾。整個體驗住宿期間，工作人員一直都是這樣把大自然完全留給客人，完全不會刻意介入。

提供入住登記的水池區還會不定期的舉行著露天音樂會，想到在這大自然裡舉行的音樂會，加上美好的野餐，必定是風雅又樂趣的。

登記後，工作人員開車帶Milly去「花散里」Villa，那是可以完全擁有無障礙視野，觀賞霧島連峰的私人空間。真的是完全私人，根據工作人員的提示，空間的周邊絕對不會出現任何人。因此建議Milly「完全回歸自然」、「不

- 決定以原始狀態泡著露天溫泉，享用這奢侈空間
- 泡溫泉、跟旅行小熊一起躺在躺椅上看雜誌，但還是無法完全卸下警戒心
- SPA也是露天下進行

穿衣服到處走都沒關係」。

體驗時間是10:00至14:00。簡單解說設備後工作人員就離開，要用餐時只要用對方準備的手機按下設定號碼通話，餐點就會送上。

確定工作人員離開後，Milly還不是很放心。

只敢在露天溫泉旁的躺椅上喝著冰袋中的飲料，然後爬上臥室前方那超愛的樹屋空間，遠眺藍天大地和遠方山色。

可是在一陣緊張和謹慎觀察後，發現這裡真的是毫無人煙，放眼看去就只有自己和大地天空。

真是好奇，怎麼讓這六棟Villa在沒有圍牆的情況下如此獨立和開闊地存在著。

或許空間不只是「大」，還要「夠大」才能做到。

就是這樣。

終於Milly也忍不住開放起來，以出生時的原始狀態，打赤腳漫步在這擁有奢侈空間的樂園中，泡著露天溫泉遠眺山野連峰。

環境開放，可是連淋浴空間也是完全無遮掩的，說安心還是有些不適應呢。

以為這裡最適合戀人或度蜜月的新婚夫婦。兩名男子或兩名女子在這個完全無遮蔽的開放空間中會小小尷尬，因為如果去掉人工建築，真的就像脫光光在山野中行走一般。

泡溫泉、跟旅行小熊一起躺在躺椅上看雜誌、爬上樹屋偵察、躺在開放的臥室大床上發呆……一個人擁有這樣大的土地真的很微妙。真是沒用，怎麼還是不

Milly此次體驗的花散里Villa
樹屋

KYU
SHU
U

能完全卸下警戒心。

如果奢華些，似乎還可以請工作人員來SPA，當然一切活動都是在露天樹林間進行，Milly對SPA毫無興趣自然不想嘗試。

看看時間差不多，於是按下手機號碼通知可以送上午餐。不久，兩位工作人員開車前來，端了一個大大的藤籃，在寬闊的露臺上布置出野餐般的午餐。

簡直就像是雜誌才會出現的美好露天午餐。冰桶內擺了香檳，桌上放滿以有機蔬菜料理出的豐盛餐點、三明治、甜點。

不能不說，不論是天空之森或是雅敘苑，料理蔬菜的工夫真是一流。不但能發揮出蔬菜的根本美味，更交叉運用和風和洋風的料理手法，每口都是新鮮感不會吃膩，擺盤也很用心。

最愛那放在玻璃樽內以高湯浸泡的蔬菜，好鮮甜又清淡順口，說它是Milly吃過最好吃的青菜料理也不為過！

按下手機，工作人員前來布置午餐

天空之森的美好露天午餐

布丁滋味濃郁

天空之森的有機蔬菜伴手禮

Milly寫下感想：一個非常美好的下午

臥房床頭的架子上放著一籃現摘的有機蔬菜伴手禮，讓客人回到家中還可以繼續品味天空之森的青菜美味。可惜Milly是旅人，兩天後就要回國，只能辜負這美意。

前一天還下著雨，這天卻是藍天白雲耀眼的好天氣。在好天氣下享用著如此好吃又好看的健康餐食，真是太幸福。甜點也很好吃，尤其是那濃郁的布丁。Milly好幾次在前往湯布院的觀光列車上

想買天空之森的特製限量布丁都沒能如願，沒想到卻能以這樣幸福的形式吃到這憧憬中的布丁。

用完餐，時間意外還很充分，於是又泡泡湯、發發呆，躺在樹屋的軟墊午睡一下，才結束了這擁有完全大自然奢侈時空的天空之森住宿體驗。

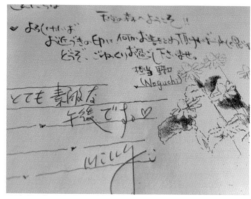

離開天空之森，車子將Milly送回雅敘苑。

Milly小小要求返回雅敘苑之前在附近遊晃一下，想去看看田島先生的根本田島本館。

田島先生從父親手中繼承了田島本館，在反對聲浪中以新觀念蓋了雅敘苑，建立口碑後，再接再厲建構了突破傳統溫泉旅館格局的天空之森。

貼近天降川的田島本館是130年前由田島十郎次創建，全名是「湯治の湯 田島本館」。

旅館提供長期住宿，強調館內的溫泉可以治病療傷。

館內設有自炊空間，長期居住的客人可以自己煮食，然後自備棉被等寢具，省下一些費用。

Milly當日見到很多年長的客人在三、四點抵達旅館，每個人似乎都跟老闆娘熟識，使用這裡的溫泉就像是去大澡堂一般自然。

老闆娘很熱情地帶著Milly去參觀女溫泉池，讓一屋子的老太太裸體曝光在Milly眼前真是不好意思。這裡溫泉的鐵成分較高，顏色呈現紅褐色，主要可以治療神經痛。

Milly除了想品味一下傳統溫泉旅館的人情氛圍、觀賞旅館前方跨天降川的古意木橋，更想到老旅館入口處的圍爐裏咖啡屋一遊。

- 田島本館，前方有橫跨天降川的大橋
- 田島本館入口
- 田島本館設有自炊空間，幫客人節省旅費

KYUSHU

真是好有風情的角落，舊舊的圍爐裡燒著柴火，發出劈啪劈啪的溫暖聲響，圍爐邊的大灶冒著煙，入口處的木製水槽裡放了豆腐更是讓人驚艷。不是那種都會懷舊咖啡屋刻意布置出的空間，而是真的從歷史存留下來的鄉野旅館角落。真的很迷人，田島老闆應該更珍惜這空間，加以推廣才是呢。

在這圍爐空間點了一杯300日圓的溫咖啡，這裡的冰咖啡就是「冷咖啡」，要喝熱的就是點「溫咖啡」。端上的溫咖啡，熱熱的！香醇有滋味，比起都會咖啡毫不遜色。

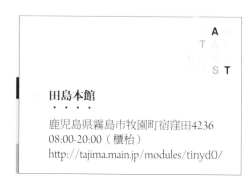

田島本館
‧ ‧ ‧ ‧
鹿児島県霧島市牧園町宿窪田4236
08:00-20:00（櫃柏）
http://tajima.main.jp/modules/tinyd0/

圍爐裏咖啡屋
點了杯熱熱的溫咖啡

番外篇

鹿兒島可以這樣玩。

鹿兒島不是島嶼。說來很荒謬，Milly也是開始在九州旅行後才知道這真實（笑）。對這個九州最南端的城市，Milly最早的旅行計畫只是想從這裡轉往有大量屋久杉自然遺產的屋久島。

可惜一個人旅行顧忌較多，至今仍未能看見那些千年大樹。這些年來反而前後來往鹿兒島數回，甚至在2010年春季足足

待了三天。於是這回的行程就迴避了鹿兒島，只是路過。

但九州少了鹿兒島怎能算是完整！所以接下來分別以**鹿兒島中央車站**為中心，延伸出鹿兒島中央周邊、上行、下行、往左、往右共五種路徑，分享一下Milly幾回旅遊鹿兒島後的行程建議。

以鹿兒島中央站延伸旅行路線

九州新幹線的終點站是鹿兒島中央，鹿兒島中央的確位在中樞位置，以這車站為中心可以延伸出各種不同表情的小旅行路線，車站本身也很好利用。

首先，可以在站內的觀光案內所索取周邊旅遊地的中文觀光資料，也可以購買600日圓的鹿兒島City View一日券，這張一日券可以搭乘觀光巴士、市區巴士，和造型各有特色的路面電車。

車站美食街「みやげ横丁」內，薩摩蒸氣屋、唐芋ワールド（唐芋世界）、月揚庵、揚立屋等老鋪新店齊聚，可以買到鹿兒島名產「薩摩揚げ」（炸魚漿餅）、「薩摩芋甜點」（地瓜甜點）、鹿兒島黑豬肉包子等美食，還有薩摩地瓜釀造的燒酎。

如果專門要吃鹿兒島黑豬肉料理，則可以去跟車站連結的複合商圈AMU PLAZA，這裡可以吃到口味偏濃郁的鹿兒島拉麵、黑豬肉豬排蓋飯，還有黑豬肉火鍋。

如果沒有非要吃地方料哩，這裡的美食選擇更是從壽司、居酒屋，到印度、中華、韓國料理、有機健康自助餐都一應俱全，很好利用。

Milly個人的推薦是五樓的黑豚料理遊食菜彩 いちにいさん，這裡的午餐套餐約1000日圓上下，價位經濟卻可以吃到清淡精緻的鹿兒島黑豬肉套餐，店內的

先到站內的觀光案內索取資料

鹿兒島City View一日券，可搭乘巴士與地面電車

K Y
U
S U
H
U

空間很舒適寬敞，夏天還會誠意地奉上一杯自製清涼梅酒或健康黑醋汁。

除了美食、名產，AMU PLAZA還有遊戲中心、戲院、覽車、健身房、三溫暖、紀伊國書店、大型家電量販店和服飾雜貨店等設施。雖說理論上天文館周邊才是鹿兒島市的鬧區，但在鹿兒島要沾上都會時尚風的消費，可能就要來到車站邊的AMU PLAZA。

A
TA
L
S T

遊食菜彩 いちにいさん
• • • • • • • • •
鹿児島県鹿児島市中央町1-1
AMU PLAZA5F
11:00-23:00
無休

車站美食街みやげ横丁
鹿兒島拉麵
黑豬肉豬排蓋飯
遊食菜彩
經濟的黑豬肉午餐套餐

Y
U
S
U

大人旅行的醍醐味

從JR鹿兒島中央車站上行，可以經由熊本前往阿蘇山區和福岡。在這裡Milly推薦的旅行小遊戲是在新幹線上小酌一杯，沉浸在大人旅行的醍醐味中。

其實車站大廳就有薩摩燒酎Bar，放置著190種以上的地產燒酎，小酌一杯只要300日圓。

車站內居然有如此具有規模的喝酒空間，真是只有在鹿兒島才可能存在。Milly沒有勇氣一個女子大刺刺地在車站大廳內喝著很有個性的鹿兒島地瓜燒酎，於是換一種方式，先在車站內的「薩摩燒酎藏」買隨身瓶的鹿兒島燒酎，品牌太多讓人眼花撩亂，於是憑直覺選了包裝漂亮名稱很符合形象的美人（笑）。

接著在販賣便當和熟食的Kiosk買了包含「薩摩揚げ」和「薩摩土雞肉」的下酒菜組合。

就這樣，Milly搭上往福岡的新幹線，拉開座位的小餐枱，對著窗外景致一個人小酌起來。

如果想喝得浪漫敗家些，可以預先買一個鹿兒島的工藝精華「薩摩切子」（玻璃杯），不然就是在買酒的同時跟店家要「試飲杯」，或是有的隨身瓶燒酎本身也有附杯子。燒酎算烈酒，口味比純米釀的清酒有個性，在列車上小酌還是要計算一下自己的酒量，以免超過了微醺限度，錯過了下車車站。

車站大廳的薩摩燒酎Bar

薩摩燒酎配上薩摩下酒菜，一個人在新幹線小酌起來

鹿兒島市區觀光

鹿兒島市區位於鹿兒島中央車站下方。在鹿兒島市區觀光,搭乘路面電車已經充分。若要徹底遊覽以篤姬為主題的鹿兒島歷史觀光路線,則要充分利用鹿兒島City View一日券。

利用一日券,再參考一日券附上的巴士路線和時刻表,就可以簡單規畫出一個以「城山‧磯行程」和「濱海行程」為主的小旅行。
隨著日本大河劇《篤姬》創下高收視率,好一段時間鹿兒島的「篤姬主題旅行」還頗熱門,不過除非真的是篤姬迷,觀光巴士動線上的據點未必需要全數走一回。Milly推薦兩處即使不是篤姬迷也可以體會鹿兒島風貌的據點:可以在高處遠眺櫻島的城山公園,以及仙巖園(磯庭園)。

仙巖園

仙巖園是鹿兒島觀光必遊景點,觀光包裝強烈多少讓人排斥。可是實際前往,以為從廣闊庭園看去的櫻島火山最有風情,園內的花園也修建得頗風雅。不過或許也是因為前往當日天氣不錯又正是櫻花盛開的季節,心情不同視角自然也不同。

除了遊覽庭園和眺望櫻島,Milly自己特別喜歡園內可以品賞到骨董薩摩切子的薩摩切子館和貓屋。

利用City View一日券,進行以篤姬為主題的鹿兒島歷史觀光

從城山公園遠眺櫻島

仙巖園

KYUSHU

切子就是雕花的玻璃杯，第十代薩摩藩藩主島津齊興招攬江戶玻璃職人，參考西方玻璃技術開創了屬於薩摩的玻璃工藝產業。

薩摩切子利用格子狀紋路深淺來顯現創作，顏色以藍色和紅色為主。現代工匠加入新創意，於是出現了一些黃色或紫色的切子。職人雕塑的薩摩切子約萬元起價，如果是島津齊彬時代的骨董級薩摩切子更是價值不菲。

貓屋位於日本國內少見的貓神神社旁，販售各式各樣的貓雜貨。

一個中規中矩的和風庭園內怎麼會出現以貓為主題的區域呢？一般人推測是因為篤姬是愛貓一族。

實際原因則和薩摩藩第七代藩主島津義弘有關，島津義弘在出兵朝鮮時帶著七隻貓同行，以貓的瞳孔狀況來推測當地時刻，最後僅剩兩隻貓咪生還，仙巖園中的貓神神社供奉的便是這兩隻貓咪。

之後如果時間安排得宜，還可以前往櫻島。先搭乘觀光巴士或是路面電車前往水族館，在水族館旁搭乘渡輪到對岸的櫻島，大約是15分鐘。渡輪是24小時營運，船班平均15至20分鐘一班。櫻島是活火山，在鹿兒島期間多次看見火山口噴出白煙甚至濃濃黑煙，是相當壯觀的大自然寫實景色。

在櫻島小旅行，除了利用巴士，天氣好時建議租腳踏車環島，騎腳踏車沿著熔岩なぎさ遊步道（熔岩海岸步道）從碼頭一路往錦江灣前進，步道全長3公里，終點是烏島展望所，從烏島展望所可眺望櫻島大噴發時留下的熔岩景觀。

KYUSHU

薩摩切子館
貓屋

櫻島旅遊的另一個熱門選項是古里溫泉的「ふるさと観光ホテル」（故鄉觀光飯店），泡泡那「龍神露天風呂」。龍神露天風呂旁有株樹齡超過兩百年的神木，傳說此處曾有龍神降臨，因此溫泉一角建有鳥居和神社。因為是**聖域**，男女來此泡湯都必須穿上白色浴衣，就是說必須穿著浴衣泡湯。要提醒這裡的露天風呂是「男女混浴」，可以考量一下再決定是否前往。

回到市區，晚餐地點建議選在天文館鬧區內的商店街。在此除了可以在老鋪「熊襲亭」吃到傳統鹿兒島鄉土料理，還可以品嚐在鹿兒島發跡的「氷白熊」（白熊冰）。白熊冰就是在雪花冰放上各式水果，因為模樣像大白熊的臉而得此名。白熊冰的發源地正是在天文館商店街上的餐廳「天文館むじゃき」，近年來其他甜點屋競爭對手還推出了芒果口味的「黃熊冰」和咖啡口味的「黑熊冰」等。

只是不明白，明明不是熊的棲息地，為什麼這裡的店家都跟「熊」沾上關係。

D **A**
⬡ **T**
⬡ **L** ⬡ **I**
⬡ **ST**

仙巖園
· · ·

入園料：1000日圓（使用一日券可以折價100日圓，購票時會附上一張票券證明，以此可進去一旁的尚古集成館。）
08:30-17:30
無休
http://www.senganen.jp

- 活火山櫻島
- 前往櫻島的渡輪平均15至20分鐘一班
- 龍神露天風呂

向右走，沿著鹿兒島海岸前進

到了鹿兒島，自然不能不去嘗試沙浴，Milly當日搭乘的是行駛指宿枕崎線的快速列車「なのはなＤＸ」（油菜花ＤＸ號），列車沿著海岸前進，車身是油菜花印象的鮮黃色。可惜「なのはなＤＸ」在2011年3月將隨著特急觀光列車「指宿のたまて箱」的加入而被迫停駛。

列車從鹿兒島中央站出發，約一小時可以到達指宿。

沿途的風景真的很好，看得讓人出神。旅行的天氣很難預料，在清晨出發能遇見完美的晨曦是至福的一刻。

なのはなＤＸ

清晨出發遇見完美晨曦

那日選擇的沙浴地點是從指宿車站步行約20分鐘的「天然砂むし温泉 砂楽」，沙浴是用天然溫泉加熱過的沙覆蓋身體，讓身體熱呼呼的，產生和泡溫泉一樣的效果。先不去計較療效，光是穿著浴衣被人一鏟一鏟挖沙埋起來就是有趣的體驗。

在前往指宿之前，Milly還在篤姬的故鄉「薩摩今和泉駅」途中下車。
當時純粹是好奇這地方跟篤姬的關聯，卻意外地在海邊看見初春的油菜花園，完成了一次愉快的春日散步。
在薩摩今和泉站的觀光案內所可以買到祈求戀愛成就的篤姬御守，運氣好些還可以巧遇車站養的站貓「さと姬」（里公主），さと姬是篤姬養的貓的小名。

Milly還不顧路線不順的風險，硬是在中途的「喜入」站下車，只是為了在車站買一張喜氣車票。

- 沙浴，沙用天然溫泉加熱過
- 薩摩今和泉駅的油菜花園
- 站貓さと姬

D　A
TA
L　I
ST

● 天然砂むし温泉 砂楽
· · · · · · · · ·
指宿市湯の浜五丁目25-18
08:30-21:00
http://www11.ocn.ne.jp/~saraku

向左走，前往霧島神宮

從鹿兒島中央搭乘行駛JR日豐本線的「特急きりしま」（特急霧島號）在霧島神宮站下車，花240日圓搭巴士便可以前去靈氣充滿的神社霧島神宮。但直達霧島神宮站的特急列車不多，變通方式是在前一站的國分站下車轉乘巴士。霧島神宮位在霧島山區，跟鹿兒島一樣，霧島並不是一座島嶼。原來這區域經常濃霧瀰漫，高山在濃霧覆蓋下就像浮在霧海中的島嶼因此得名。

日本典故中，天照大神命令子孫「瓊瓊杵尊」下凡統治日本，傳說中的降臨地點是高千穗峰。1500年前，日本欽明天皇因此命令僧侶在高千穗峰和火常峰山間興建了霧島神宮供奉瓊瓊杵尊。歷史上霧島神宮曾多次受到火山噴發波及，社方於是決議將神宮遷移到現址。

朱紅色的大殿、雄偉的柱梁和殿內鍍金的彩繪裝飾，在蒼鬱林木間顯得更為華麗。神宮因此還被稱為「西邊的日光」，是足以跟日光的東照宮媲美的意思。

當時一心想在清晨霧氣未退散的時分前去，以為在蒼鬱大木和朦朧霧氣環繞下的神宮更顯仙氣。可是除非開車，否則遷就巴士班次真是很難實現這個願望。

DATA LIST

◉ **霧島神宮**
‧ ‧ ‧ ‧
鹿兒島県霧島市霧島田口2608-5
自由參拜
無休

◉ 霧島神宮

kyushutrip**14**

推演路線殺去長湯溫泉

大分。

福岡

別府　大分

長湯溫泉

熊本　　豐後竹田

9月29日

鹿兒島中央

● 有點強引又無法割捨的行程

多了一間就不同

● 跋涉六小時也完全值得的長湯溫泉鄉

● B.B.C長湯與森林中的小小圖書館

有點強引又無法割捨的行程

搭乘溫泉巴士前往JR隼人車站，距離意外地長。到了車站順利地轉搭09:04往鹿兒島中央的特急列車。

本來想就在鹿兒島中央車站附近逛逛，也有幾間想去的餐廳和咖啡屋，但是早上9點多店家未必已經開門。手上有張全九州三日PASS，又不甘願就這麼坐新幹線回福岡，回到福岡似乎也只能購物和吃東西，想去的新鮮點已經不多。更何況一直放在計畫中還沒實踐的行程：長湯溫泉的ラムネ溫泉館和B.B.C長湯，也是怎麼都不能割捨。尤其B.B.C長湯內有一處森林中的小小圖書館，更是讓Milly心動不已。

因此雖然行程上有些強引（勉強），還是決定在到達鹿兒島中央後一路殺去長湯溫泉。
行程安排是這樣的：10:18先從鹿兒島中央搭乘新幹線到新八代、11:07轉搭特急到達熊本、11:37搭乘九州橫斷特急到豐後竹田。之後要轉搭前往長湯溫泉的巴士會稍微麻煩，因為從網路上不能清楚掌握班次。

大致的狀況是14:35有班巴士可以前往長湯溫泉，車程約50分鐘。

回程則預計搭乘17:27或18:12的巴士班次回到豐後竹田，趕上19:00開往熊本的特急。如此再換車，估計22:00可以到達福岡。

這回九州行，光是這段九州橫斷鐵道路線已經來來回回好幾次經過，因此從別府回去福岡的路途想換個新鮮路線。

決定搭乘19:30從豐後竹田出發的特急，預計20:42到達別府，之後再搭上21:05的特急，預估23:20可以回到福岡。搭乘時已經是晚上什麼也看不見，只是不甘願重複同樣的路線，於是硬是繞路前進。

如此的話，首先行李不能寄放在熊本車站，改放在豐後竹田會較好變通。

同時，在豐後竹田會多出大約一小時的時間，可以用來在周邊散步，搜尋了一些資料，似乎還不算太難逛。有湧泉、寺廟、城下町，還是日本名曲「荒城之月」歌詞敘述的地方。

事前準備完善，接下來就看當時的興致和天氣再做更動。在此也可以看出Milly最大的旅行樂趣之一正是確認列車的接駁時刻，即使到了旅程最後也不輕忽。

可是這一切的時刻接駁，都在Milly的靈機一問下，有了戲劇化的轉折。

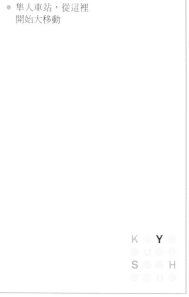

● 隼人車站，從這裡
開始大移動

K　　Y
　U
S　　H
　　U

● 先搭つばめ到熊本，再搭九州
  橫斷特急到大分縣的豊後竹田

多了一問就不同

當Milly在豐後竹田下車後，首先將皮箱
放入寄物櫃。
這裡的寄物櫃很瞎，最大的格子居然放
在高處，要舉上去還真費了些工夫。
然後在散策出發前，心想還是去一旁的
觀光案內所要些資料順便拿張地圖。站
內的小姐人很好看起來也很機靈，於是
Milly就又試圖確認一下有沒有前往長湯
溫泉的巴士時刻表。

小姐很快拿出了一張各路線的時刻表，
並畫出可以前去的路線。
她還立刻建議，大約不到5分鐘後就有
一班巴士可以前往長湯溫泉。
原來不用等到14:35，13:35就有巴士。
於是毫不猶豫根據小姐的指點在站前巴
士站牌等車，也順利上了車。
後來想想，13:26在豐後竹田站下車，
13:35就搭上巴士，只用了9分鐘，少了
這一問，狀況就完全不同。

後來看了手上的時刻表，發現這巴士的
路線根本沒註明可以前往長湯溫泉。
路線寫的是「玉來─竹田─久住─直入
支所」，而長湯溫泉站是在「久住─直
入支所」之間。
如果沒有多此一問，還真的不知這平均
一小時只有一班的巴士可以前去長湯溫
泉。

就是這一轉變，Milly提前一個小時到
達目的地長湯溫泉，也提前回到豐後竹

田。之後更順利搭上16:28的特急列車
在17:39到達別府，然後前進福岡。如
此這般，到達福岡時還不到八點，還可
以逛街、逛書店和吃東西。真是不錯！
真是多了一問，狀況就完全不同了。

● 從豐後竹田搭巴士前往長湯溫泉

跋涉六小時也完全值得的長湯溫泉鄉

從08:33搭上小小的溫泉巴士，一路
「特急＋新幹線＋特急＋特急＋巴士＋
走路」地前進，在下午兩點多到達長湯
溫泉的森林圖書館。六個小時的路徑，
Milly以為完全是值得的。

通往長湯溫泉的地方巴士外表普通，車
內座椅卻是鮮豔又耀眼，配色相當厲
害，雖說有點褪色但是別具風味。Milly
忍不住拍照又拍照，司機先生看在眼裡
忍不住竊笑著。

搭乘的是沒什麼乘客上下車的市郊山區
巴士，偶爾有老人上車，司機也會很溫
柔地花上一兩分鐘等老人坐穩了才開
車。
司機也很悠閒，回程時還在行車空檔接
了電話，電話掛掉後中年司機靦腆地跟
車上唯一的乘客Milly說：「接了電話不
好意思！」
很喜歡這樣穿梭在田野山間的巴士，透
過車窗可以看見田埂間的鮮紅彼岸花、
朦朧天際下的遠山、巴士亭旁掛著年代
久遠廣告招牌的雜貨鋪等等。巴士在山
間鄉鎮穿梭，大約50分鐘後停靠在長湯
溫泉。
下車的第一個感覺，很冷清又很安靜，
幾乎是毫無人煙的長湯溫泉鄉。

順著道路走下溪邊，短短時間就喜歡上
了這山間寧靜的溫泉鄉。
貪心地以為如果這裡能繼續被大家忽

山區巴士，鮮少乘客

幾乎是毫無人煙的長湯溫泉鄉

K Y
U
S H
U

略，維持幽靜安穩的氣息就好。不過另一方面也會想，這麼清新的溫泉度假地，如果能出現在更多人的旅途中該多些美好。心境矛盾，遇到美好的旅途停歇點很容易就這樣矛盾著。

在前往目的地之前，先被溪邊的風味咖啡屋「茶屋川端家」和一旁掛著一個紅色「大」字招牌的大丸旅館給吸引。
不論茶屋川端家或大丸旅館，都是風情的古民家建築，也都有面向滿地波斯菊花的露天座位。幻想著如果能這樣聽潺潺溪水聲悠閒一杯咖啡時光多好。
可是旅程滿滿，路途不容遲疑猶豫，只好心一狠瞥過那誘惑，穿越橫跨長湯芹川的石橋，先右轉然後跟著指示牌往ラムネ溫泉前進。

KYUSHU

茶屋川端家

天風庵

大丸旅館

才一轉彎，又被另一個氣派的古老和風建築吸引，招牌匾額上是豪邁揮灑的大字「天風庵」，全名是「ガニ湯本舖天風庵」，是可以純泡湯、用餐和小歇用茶點的風味民宿。

一個小小的溫泉鄉，不過三分多鐘的介入就有這麼多的驚喜，為什麼人跡如此稀疏呢？何止稀疏，那日午後整個溫泉鄉的外來客，似乎除了Milly也只有Milly了。

ラムネ碳酸溫泉特異的建築出自建築師藤森照信之手。黑白條紋是以黑色的炭燒杉木和白色塗泥交叉而成，屋頂鋪設的是職人之手敲打出的銅板，尖頂的植物則是耐寒的松木。
館內還設有美術館，展示名家的畫作、瓷器，還有川端康成的手稿。
ラムネ碳酸溫泉本身沒有住宿設施，要住宿則可以選擇關連企業大丸旅館或B.B.C長湯。純泡湯的費用是500日圓。

ラムネ温泉

不多分心地走過天風庵，很快就看見了屢屢出現在設計、建築類雜誌的「ラムネ溫泉館」。大約三年前，Milly偶然在某本雜誌看到這外觀奇特的溫泉館後，就想著有一天一定要親身前來，不用泡湯，光是欣賞建築就好。
實際站在ラムネ碳酸溫泉前，還好建築並沒讓Milly有「照片騙人」的落差和失望感。矮竹林後方是繪本中才會出現的黑白條紋牆壁，尖塔屋頂上的樹枝、建築前方英武挺拔的狗紳士銅像，都跟印象中的模樣一致，甚至該說超過預期。
能這樣將雜誌裡的一張圖片親自確認後化成記憶中的印象，是Milly旅行中自我滿足很重要的一部分。是旅行的價值，也是出發的動機。
值不值得？或許要動用主觀來防衛，但是旅行不就是如此嗎！因為相信自己，進而相信旅行，一切沒有標準答案而是選擇。

DATA LIST

茶屋川端家
・ ・ ・ ・ ・
大分県竹田市直入町大字長湯7992-1
08：00-20：00
無休

ラムネ温泉
・ ・ ・ ・ ・
大分県竹田市直入町大字長湯7676-2
06:00-07:00（晨湯）；
10:00-22:00
每個月第一個星期三休
（一月、五月是第二個星期三休）
http://www.lamune-onsen.co.jp

天風庵
・ ・ ・
大分県竹田市直入町葛路谷7699-1
11:00-20:30（LO）
http://www.tenpuuan.com

- ラムネ温泉館常登上建築雑誌
- 屋頂上的樹枝和狗紳士銅像也是觀賞重點
- 黑白條紋牆壁是以炭燒杉木和白色塗泥交叉而成

K Y
S H

B.B.C長湯與森林中的小小圖書館

老鋪大丸旅館不但跟ラムネ溫泉有關連，也推出了完全不同風貌的B.B.C長湯。

回到石橋往左轉爬個山坡，就可以到達山丘上的B.B.C長湯。

B.B.C長湯的副標是「長期滯在施設BBC長湯と林の中の小さな図書館」，顧名思義，就是提供長期住宿又設有圖書館的地方。

價位相對很經濟，如果是兩人房，一人一晚房費約是3990日圓含早餐。

一人住宿超過5天後，平均一晚房價是4500日圓起，短期住宿則大約一晚5500日圓起。

B.B.C是Bed‧Breakfast‧Culture三字的縮寫，此溫泉療養木屋度假村的概念來自旅遊作家野口冬人和溫泉達人池內紀先生。一天兩天、一週兩週，或是待上一整個月，忙碌的現代人可以在這裡健康飲食悠閒住宿，身心都能充分歇息。

每個房間都有廚房可以自炊，也有洗衣設備，完全是可以緩慢生活的地方。

即使是像Milly這樣偏愛緩慢旅行的旅人，要這樣一個月住宿在清幽的溫泉鄉還是過於奢侈，奢侈不單指金錢更包括時間，但要說不渴望就是騙自己了。

區內樹林環繞的全白色圖書館收藏了野口冬人先生超過13000冊的山嶽藏書，並以「冬人庵書舍」命名。圖書館一旁還設有展示山嶽畫作和舉行音樂會的空間。

Milly輕輕地推開了天井很高的圖書館室。

那一瞬間看見了窗邊的書桌前坐著一位老先生，老先生穿著整齊西裝戴著老式眼鏡，模樣斯文。

應該是完全沒意識到有人闖入，依然逕自沉溺書中。

Milly以輕輕的腳步向前，用無聲的快門紀錄下這寧靜的空間以及老先生的背影。

真是好美的時空。

螺旋風扇下光線從木格大窗灑入，純白的書架放滿了與登山者熱情和夢想有關的書籍。在這小小的林間圖書館內，時間是停滯的。

突然，老先生的目光從書上移開，摘下眼鏡，就這樣一個人陷入沉思，目光時而飄向窗外。

Milly依然是安靜著，甚至連呼吸都刻意放緩。

5分鐘左右的滯留時間中，老先生完全沒有意識到Milly的存在。但是Milly的腦海已經將這微妙的邂逅深深地記憶起來。

旅行的醍醐味，不正存在這一瞬間，無預期就到了眼前的美好邂逅。

フロント
喫茶

大丸グループ
B&B 長湯
長期滞在施設と林の中の小さな図書館

1泊朝食付
3,800円から

森の中の小さな図書館

● B.B.C長湯是供長期住
宿的溫泉療養度假村

静靜離開，來到一旁櫃枱兼咖啡屋的獨棟小屋。點了一杯溫暖拿鐵，在咖啡屋面向溪流的露臺慢慢回味這一日的邂逅和旅途片段。

以這林中小圖書館的巧遇結束兩星期的九州旅途，似乎是再美好不過。

短短的滯留，關於這長湯溫泉的回憶卻是濃厚的。
搭乘巴士回到豐後竹田站，一路轉車經由別府回到都會福岡。

九州，下回再來又該以怎樣的情緒來起動呢……

B.B.C 長湯
・・・・・
大分県竹田市直入町大字長湯
08:00-19:30
無休
http://daimarubb.com/

國家圖書館出版品預行編目資料

九州：大人的理想休日 / Milly著. -- 初版 .-- 新北市：
大家出版：遠足文化發行, 2011.06 ； 面； 公分
ISBN 978-986-6179-15-0 (平裝)
1.旅遊 2.日本九州

731.789   100009074

IN 08
九州：大人的理想休日

作者・Milly｜美術設計・林宜賢｜責任編輯・周天韻｜行銷企畫・柯若竹｜社長・郭重興｜發行人兼出版總監・曾大福｜總編輯・賴淑玲｜出版者・大家出版｜發行・遠足文化事業股份有限公司 231 新北市新店區民權路108-2號9樓 電話・(02)2218-1417 傳真・(02)2218-8057 劃撥帳號・19504465 戶名・遠足文化事業有限公司｜印製・成陽印刷股份有限公司 電話・(02)2265-1491｜法律顧問・華洋國際專利商標事務所 蘇文生律師｜初版一刷・2011年6月｜初版六刷・2014年6月｜定價・380元｜有著作權・侵犯必究｜本書如有缺頁、破損、裝訂錯誤，請寄回更換